가족을 축복하는 읽는기도 100일

한치호 목사의 다른 책들:

잠언으로 자녀를 축복하는 읽는 기도, 종려가지_ 2016

주일예배 대표기도문, 종려가지_ 2016

대(大)심방 능력기도문, 종려가지_ 2016

주제별 52주 대표기도문, 크리스천리더_ 2015

구역장 기도수첩, 세줄_ 2015

추모·장 설교와 기도문, 종려가지_ 2015

정시 기도-읽는 기도, 종려가지_ 2014

능력기도 예배대표기도문, 두돌비_ 2013

기도, 처음인데 어떻게 하나요, 두돌비_ 2012

가족을 축복하는 읽는기도 100일

한치호 목사

문서사역
종려가지

머리말

가족을 축복하시는 하나님의 의도

우리가 가족의 관계에서 살아간다는 것은 하나님의 복된 사건이다. 우리가 이 복을 묵상할 때, 하늘의 하나님께 기도하지 않을 수 없다. 우리는 가정이라는 공동체에서 살아간다. 이 공동체는 여호와께 거룩하고, 우리가 사랑하고, 위하는 만큼 가족에게 행복한 자리가 된다.

하나님께서는 우리에게 사랑하고 살아가도록 가정을 주셨다. 우리는 가정을 위해서 기도해야 한다. 가정에서 더불어 살아가는 지체들은 사랑이라는 이름으로 올려드리는 우리의 기도를 요구한다. 기도는 우리가 가족을 사랑하는 적극적인 표현이다.

-가족이 한 몸으로 하나님을 경외하게 하기 위해서 간구해야 한다.
-가족이 강건하여 형통의 복을 누리기 위해서 간구해야 한다.
-부모의 복된 인생을 위하여 축복하는 자녀들이어야 한다.
-자녀의 삶이 여호와께 복이 되도록 축복하는 부모가 되어야 한다.
-자녀가 잘 되고, 그들의 장래가 있도록 부모는 간구해야 한다.

이러한 주제들은 우리로 하여금 하나님께로 나아가게 한다. 사실, 가정은 하나님께서 우리를 지켜주시는 천국의 모형이다. 우리는 이곳에서 잠시 동안 보호되어야 한다. 우리들의 영원한 본향인 천국으로 가기 전까지 이곳에서 하나님의 돌보심을 받아야 한다. 이 땅에서 살아가는 동안의 시간은 우리에게 기도하도록 한다. 만일, 기도의 필요성을 느끼지 않는다면 그는 하나님의 자녀가 아니다!

성령님의 감동은 우리에게 기도하도록 하신다. 그래서 살아가는 동안에 아주 짧은 한 마디로라도 가족을 위하여 간구한 경험을 갖게 된다. 그리고 보다 구체적이며, 지속적으로 가족을 위하여 간구해야 하리라는 거룩한 도전을 받는다. 그래서 하나님께 무릎을 드려보지만, 대개는 중언부언처럼 되었다가 기도를 놓치고 만다.

이에, 우리가 기도를 하면서 하나님의 말씀에 귀를 기울이도록 돕기 위해서 '기도의 예문' 으로서 가정을 축복하는 기도문을 작성해 보게 되었다. 기도는 언제나 간구하는 사람을 뛰어넘지 못한다. 부르짖는 간구가 그의 신앙을 고백하는 것이기 때문이다.
가정을 위해서 간구하는 것은 나를 축복하는 또 다른 시간이다. 이 은혜가 지금, 이 책을 손에 들고 있는 형제의 것이 되기를 축복한다.

주후 2015년 1월

한 치 호 목사

차례

머리말 _ 5
가족을 축복하시는 하나님의 의도

프롤로그 _ 12
축복하고, 축복을 받는 임마누엘의 공동체

1. 여호와께 복 된 가정 _ 14

1. 여호와를 섬기는 우리 집
2. 하나님과 동행하는 가정
3. 언약을 지키는 공동체
4. 하나님이 자기를 위하여
5. 마음을 다하고 뜻을 다하여
6. 하나님의 집이 될 것이요
7. 주의 이름에 영광을
8. 편애가 없는 가족
9. 주로 말미암은 기쁨과 즐거움
10. 흥왕하게 하시는 하나님
11. 하나님께서 베푸신 큰 구원
12. 땅에서도 이루어지이다
13. 그 권능으로 크신 주의 이름
14. 내게 축복하지 아니하면
15. 하나님의 성전의 문지기
16. 자기를 더럽히지 아니하리라
17. 새긴 우상을 만들지 말고
18. 그의 계명과 법도와 율례를
19. 여호와의 이름을 의뢰하며
20. 하나님의 말씀을 마음에 두다

2. 흔들어 누르고 넘치는 생활 _ 36

21. 범사에 잘되고 강건하기를
22. 시온에서 주시는 복
23. 여호와의 명령을 듣고 지켜 행하며
24. 갑절로 남겨진 달란트
25. 나중은 심히 창대하리라
26. 실로 아름다운 나의 기업
27. 반드시 네 손을 펼지니라
28. 종들에게 나타나는 여호와의 손
29. 여호와께서 복을 주시므로
30. 안전히 살아가는 은혜
31. 모든 일에 복을 주시리니
32. 크게 번성하여 하늘의 별과 같고
33. 경외하는 자에게 주시는 기업
34. 재물 얻을 능력을
35. 믿음과 오래 참음으로 말미암아
36. 능히 누리게 하시며
37. 모든 쓸 것을 채우시리라
38. 건지시고, 인도하시는 하나님
39. 은혜를 베풀며 꾸어 주는 자
40. 여호와를 찾을 동안에는

3. 축복을 받으셔야 할 부모 _ 58

41. 모든 신령한 복을 우리에게
42. 오직 내 말을 듣는 자는
43. 내가 영원히 주께 감사하고
44. 그의 손으로 하는 바를 복되게
45. 너희 하나님 여호와로 말미암아
46. 말씀이 하나도 남음이 없이
47. 주의 큰 복을 즐겼사오나
48. 그의 사랑하시는 자에게는
49. 조금도 부족함이 없게 하려
50. 네가 복되고 형통하리로다
51. 너희를 견고하게 하려 함이니
52. 일체의 비결을 배웠노라
53. 넘치게 하게 하려 하심이라
54. 그를 경외하는 자에게는
55. 작은 산들이 기쁨으로 띠를
56. 이스라엘에게 평강과 긍휼이
57. 그들을 긍휼히 여기는 이가
58. 아름다운 물건이 가득한 집을
59. 너를 후대하심이로다
60. 너는 행복한 사람이로다

4. 가정 교회를 이루는 부모와 자녀 _ 80

    61. 자녀들에게 복을 주셨으며
    62. 어린 아이들을 가까이 하시고
    63. 아이의 이름이 유명하게 되기를
    64. 하나님의 은혜가 그의 위에
    65. 하나님을 아는 것에 자라게
    66. 네 부모를 공경하라
    67. 센 머리 앞에서 일어서고
    68. 악을 가리는 데 쓰지 말고
    69. 각기 이웃을 도우며
    70. 혐의가 있거든 용서하라
    71. 빈 손으로 네 곁에 있거든
    72. 선한 일에 너희를 온전하게
    73. 교회의 덕을 세우기 위하여
    74. 여러 지체가 서로 같이 돌보게
    75. 모든 좋은 것을 함께 하라
    76. 신령한 집으로 세워지고
    77. 소망의 풍성함에 이르러
    78. 주의 인자하심과 성실하심으로
    79. 은혜를 맡은 선한 청지기
    80. 정신을 차리고 근신하여

5. 자녀의 장래를 하나님께 맡김 _ 102

81. 갈 바를 알지 못하고 나아갔으며
82. 너희 믿음과 소망이 하나님께
83. 하나님이 그의 소원을 들으시고
84. 견고하게 해 주시는 하나님
85. 아멘 하여 하나님께 영광을
86. 그것을 만들며 성취하시는
87. 춤을 추게 하시는 하나님
88. 주 예수의 이름이 너희 가운데서
89. 소원을 두고 행하게 하시나니
90. 잉태할 수 있는 힘을 얻었으니
91. 너의 행사를 여호와께 맡기라
92. 도움을 삼고, 소망을 두게
93. 구하라, 찾으라, 두드리라
94. 소원을 만족하게 해 주시는
95. 소망이 끊어지지 아니하리라
96. 등불을 켜고 집을 쓸며
97. 크게 은총을 입은 자라
98. 나의 모든 구원과 소원을
99. 소망이 넘치게 하시기를
100. 시온의 대로가 되시는 하나님

프롤로그

축복하고, 축복을 받는
임마누엘의 공동체

오늘날의 교회라고 하는 형태가 생기기 전에는 가정이 가족에게 신앙생활의 중심이 되었다. 그리고 자라나는 자녀들에게는 기독교 양육을 책임지고 있었으며, 그 책임은 지금도 계속되고 있다. 다시 말해서, 가정은 교회라는 신앙공동체가 형성되기 훨씬 이전에 형성된, 하나님을 경외하고, 서로를 축복하는 가장 기본적인 신앙공동체였다.

가정은 하나님께서 세우신 최초의 기관이었으며, 하나님을 예배하는 처음 장소였다. 아울러 인간이 세상에서 복을 경험하는 최초의 자리이기도 하다. 이스라엘의 선조들은 부모가 서로 하나님께서 주시는 복을 누리기를 소원하였고, 그 은혜로 자녀들을 축복하였다. 그들에게 있어서 가족이 함께 거하는 가정은 축복의 장소였던 것이다.

부모는 자녀들에게 하나님으로부터 복을 받아야 하는 것을 강조하였다. 그리하여 자녀들이 하나님을 섬기고, 그분의 말씀에 청종하는 삶을 가정에서 가르쳤다. 대대로 아버지들은 하나님의 복이 가족들에게 임하도록 하는 거룩한 의무를 지니고 있었다.
우리는 가족이 누리는 하나님의 복에 민감해야 한다. 그것은 복을 받아서 '나 혼자 잘 먹고, 잘 지내자'는 이기주의적인 것이 아니다.

우리가 하나님께로부터 복을 받아야, 이 복을 다른 사람들에게 나누어 줄 수 있다. 거저 받은 복이므로, 복이 필요한 이들에게 거저 주기도 해야 한다.

가족을 축복하는 기도는 언제, 어떻게 간구하는 것이 가장 좋을까? 하나님께서는 우리가 간구하는 내용보다는 축복을 비는 우리 자신에게 먼저, 주목하신다. 그러므로 자신의 심령이 가장 가난하게 되는 시간에 무릎을 꿇는 것이 좋다. 그리고 사람들에게 보여지는 곳보다는 자신과 하나님만의 만남이 경험되는 골방이 좋다.
자신을 사람들로부터 외롭게 한 골방에 들어가, 오직 하나님의 은혜에 대한 목마름으로 자신을 내려놓는 간구를 들으시는 하나님이시다. 그때, 눈물이 나게 하시면 눈물을 흘리면서, 소리를 내어 부르짖게 하시면 부르짖으면서 축복할 때, 응답의 역사를 나의 것으로 확신하게 된다.

- 가능한대로 하나님께 간절함으로 다가가고, 가족들에게 집중할 수 있는 시간을 선택하여 축복을 비는 기도를 하자.
- 기도의 틀에 생각을 맞추려 하기보다는, 진심으로 우러나오는 자신의 마음을 하나님께 토로하는 간구를 하자.
- 나의 간구에 하나님의 응답이 있음을 확신한 후에야 눈을 뜨자.

1. 여호와께 복 된 가정

1. 여호와를 섬기는 우리 집
2. 하나님과 동행하는 가정
3. 언약을 지키는 공동체
4. 하나님이 자기를 위하여
5. 마음을 다하고 뜻을 다하여
6. 하나님의 집이 될 것이요
7. 주의 이름에 영광을
8. 편애가 없는 가족
9. 주로 말미암은 기쁨과 즐거움
10. 흥왕하게 하시는 하나님
11. 하나님께서 베푸신 큰 구원
12. 땅에서도 이루어지이다
13. 그 권능으로 크신 주의 이름
14. 내게 축복하지 아니하면
15. 하나님의 성전의 문지기
16. 자기를 더럽히지 아니하리라
17. 새긴 우상을 만들지 말고
18. 그의 계명과 법도와 율례를
19. 여호와의 이름을 의뢰하며
20. 하나님의 말씀을 마음에 두다

1일 ∨ 여호와를 섬기는 우리 집

기도 전에 묵상할 말씀 - 수 24:15

거룩하신 하나님,

오늘까지 저와 저희 가족을 지켜주시고, 여호와의 얼굴을 저희 가정에 돌리시었음에 감사드립니다. 그 은혜로 평안에서 평안으로 지내온 것을 생각할 때, 하나님의 이름에 합당한 영광을 드립니다. 먼저 죄악을 회개합니다. 가족을 축복할 권세를 주셨음에도 기도에 게을러서 가족을 위하여 빌지 못한 죄를 고백합니다. 용서해주시옵소서.

〔-이어서, 가족과의 관계에서 하나님만 아시는 숨겨져 있는 나의 죄를 회개한다.〕

저희 가정에 주 예수님을 구주로 영접하는 은혜를 주셨음에 감사드립니다. 주님을 모시고 살아가는 저희들에게 한 가지의 소원이 있습니다. 이 가정에서 교회를 경험하게 하시고, 부모와 자녀들이 하나님을 경외하게 하시옵소서. 사랑하는 식구들이 천국의 모형을 경험하게 하시옵소서. 저희들을 거룩한 백성으로 삼아주셨으니, 하나님을 아버지로 섬기고 사는 것을 즐거워하게 하시옵소서. 하나님의 자녀가 된 지체들로서 하나님의 영광을 구하게 하시옵소서. 저희들의 삶이 곧 하나님께 영광이 되기를 빕니다.

오늘, 여호와 앞에서 저희 가정을 구별해 주시옵소서. 여호와만을 섬기기로 선택한 저희들에게 성령님의 충만하심이 있게 하시옵소서. 저희들의 심령이 주님의 피로 적셔지게 하시고, 오늘 한 날의 삶에서 임마누엘의 은혜를 누리게 하시옵소서.

예수님의 이름으로 기도드립니다. 아멘.

2일 ∨ 하나님과 동행하는 가정

기도 전에 묵상할 말씀 - 창 6:9

우주 만물을 주관하시는 하나님,
저희 가정을 제단으로 삼아주시고, 사시사철 여호와의 은혜가 강물과 같이 흘러넘치게 하셨음을 찬양합니다. 그 은혜의 하나님을 늘 즐거워하는 저희들이 되게 하시옵소서. 이 시간에, 저의 죄악을 회개합니다. 가족을 축복할 권세를 주셨음에도 기도에 민감하지 못하였습니다. 축복의 사명을 감당 못한 죄를 용서해주시옵소서.
〔-이어서, 가족과의 관계에서 하나님만 아시는 숨겨져 있는 나의 죄를 회개한다.〕
오늘, 이 한 날에도 하나님께서 저희 가족의 하나님이 되어주심을 믿습니다. 하나님께 사랑의 대상이 된 이 가정에 있는 이들로부터 영광을 받으시고, 저희들은 마땅히 여호와의 이름을 송축하게 하시옵소서. 하나님께서는 홀로 저희 가정에 하나님이 되셔서 다스려 주시옵소서. 모든 식구들이 하루의 삶을 시작하면서, 저희들 각 사람이 자신의 몸마저도 하나님께 바치고, 하루의 길을 가게 하시옵소서. 그리하여 하나님의 은혜를 입은 자들이 되어, 여호와와 동행하는 삶을 살게 하시옵소서.
저희들에게 세상 풍속의 죄악 된 행실을 거절하게 하시옵소서. 오늘, 어른들은 어른들대로, 애들은 애들대로 자신들의 생활에서, 죄의 유혹에 넘어가지 않게 하시며, 스스로 죄를 즐기지 않게 하시옵소서. 노아가 살았던 의의 모습을 사모하면서 하루를 보내게 하시옵소서.
예수님의 이름으로 기도드립니다. 아멘.

3일 ∨ 언약을 지키는 공동체
기도 전에 묵상할 말씀 - 창 17:10

우리 주 하나님,
여호와의 이름을 높이며, 감사하는 목소리를 받아 주시옵소서. 전심으로 감사드리니, 홀로 영광을 받으시고, 저희 가족에게는 감사가 넘치게 하시옵소서. 이 시간에, 먼저 죄악을 회개합니다. 가족을 섬겨야 할 의무를 주셨음에도 그들의 이름을 부르지 못한 죄를 저질렀습니다. 용서해주시옵소서.
〔-이어서, 가족과의 관계에서 하나님만 아시는 숨겨져 있는 나의 죄를 회개한다.〕
저희 가정을 여호와의 백성으로 삼아주시고, 하나님 앞에서 살아가게 하셨으니, 거룩한 삶을 구하는 저희들이 되기 원합니다. 하나님이 없는 사람들, 하나님을 고의로 거절하는 사람들의 풍속을 거절하게 하시옵소서. 그들에게서 외톨이가 된다 할지라도, 말씀을 준행하는 가족이 되게 하시옵소서.
하나님의 자녀로서 살아가도록 계명과 율례와 법도를 주셨으니, 기쁨으로 그 명령을 따르게 하시옵소서. 여호와의 명령에 보장된 언약의 백성으로 살아가는 특권을 지니게 하시옵소서. 하늘에 속한 사람, 언약을 지키는 공동체라는 특권에 대한 긍지를 누리게 하시옵소서.
저희를 하나님의 자녀로 인쳐 주셨으니, 여호와 앞에서 살게 하시옵소서. 하나님으로 더불어 사는 것을 세상에 있는 그 어떤 것들보다 귀하게 여기게 하시옵소서. 지킬 것은 지키고, 버려야 될 것은 버림으로써 세상에서 저희 가정이 구별되게 하시옵소서.
예수님의 이름으로 기도드립니다. 아멘.

4일 ∨ 하나님이 자기를 위하여
기도 전에 묵상할 말씀 - 창 22:8

생명의 주 하나님,
천국의 백성으로 구별된 가정이 되게 하신 여호와의 이름을 찬양합니다. 서로 돕고 사랑하며 하나님의 영광을 구하게 하셨으니 여호와의 이름을 높여드리게 하시옵소서. 오늘도, 먼저 죄악을 회개합니다. 여호와 앞에서 가족을 주목하지 못하고 지낸 시간들을 고백합니다. 용서해주시옵소서.
〔-이어서, 가족과의 관계에서 하나님만 아시는 숨겨져 있는 나의 죄를 회개한다.〕
오늘, 저희 가정에서 하나님의 말씀을 믿음으로 시행하는 부모가 되게 하시옵소서. 그리고 자녀는 부모에게 순종하여 하나님의 말씀을 성취해 드리는 은혜를 보게 하시옵소서. 이로써 부모와 자녀가 하나님께 대하여 한 마음으로 삶을 살아가는 은총을 누리게 하시옵소서.
아브라함의 헌신과 이삭의 순종이 저희 가족에게 신앙의 모델이 되기 원합니다. 하나님을 사랑하여 자신을 다 내어드리는 부모의 삶을 자녀들이 보게 해주시옵소서. 부모의 말에 일체의 거절이 없이 순종하는 자녀의 태도에서 저희 가정에 은혜가 더욱 넘치게 하시옵소서.
여호와께서 원하시는 것이라면 언제든 드리는 믿음이 부모의 것이 되게 하시옵소서. 여호와의 뜻이라 듣게 되면, 부모의 어떤 요구에도 순종하는 자녀를 보는 복을 주시옵소서. 부모와 자녀가 하나님의 마음에 합당하여 점점 더 거룩해지기를 빕니다.
예수님의 이름으로 기도드립니다. 아멘.

5일 ∨ 마음을 다하고 뜻을 다하여

기도 전에 묵상할 말씀 - 신 10:12

하늘 영광의 하나님,
식구들이 각각 갈 길을 인도해 주신 은혜에 감사드립니다. 여호와를 경외하는 주의 백성들에게 더욱 큰 은혜를 사모하게 해주시니 그 은혜에 감사하면서 먼저 죄악을 회개합니다. 가족을 위하여 믿음으로 구하고, 하나님의 은총이 임하도록 간구하지 못하였음을 고백합니다. 용서해주시옵소서.
〔-이어서, 가족과의 관계에서 하나님만 아시는 숨겨져 있는 나의 죄를 회개한다.〕
이 시간에, 성령님의 충만하심이 저희 가정에 내려오기를 빕니다. 성령님의 감동으로 저희들이 하나님을 더욱 더 사랑하게 하시옵소서. 어른들은 물론, 어린 자녀들에게까지 하나님을 경외하는 열심을 주시옵소서. 주신 말씀을 지킴이 저희들에게 복이 되게 하시옵소서. 오늘, 한 날의 삶이 하나님의 편에서는 저희들에게 주신 말씀에 순종함이 되게 하시옵소서. 마음을 다하고, 정성을 다하여 하나님의 말씀에 순종하게 하시옵소서. 어떤 행동을 하던지 말씀에의 순종이 되게 하시옵소서. 그 계명을 따르고, 지킴을 떠나서 좌로나 우로 치우치지 않게 하시옵소서.
하나님께서 저희들을 한 번도 실망시키지 않으심처럼, 저희들의 삶이 하나님께 실망이 되지 않게 하시옵소서. 저희 가정에서 하나님보다 높은 데 계신 분은 없으시며, 영광을 취할 분은 계시지 않습니다. 오직 하나님께만 섬김을 다하는 한 날이 되게 하시옵소서.
예수님의 이름으로 기도드립니다. 아멘.

6일 ∨ 하나님의 집이 될 것이요

기도 전에 묵상할 말씀 - 창 28:22

전지전능하신 하나님,

저희들의 시민권을 하늘에 속하게 하신 은총으로 이제껏 지켜주셨음을 찬양합니다. 식구들에게 귀한 세월을 허송하지 않고, 여호와의 뜻을 이루어드리는 가족이 되게 하시옵소서. 하나님 앞에서 죄악을 회개합니다. 가족을 사랑함에 게을렀고, 저희 식구들이 여호와께 제단이 되는 것에 소홀했음을 고백합니다. 용서해주시옵소서.

〔-이어서, 가족과의 관계에서 하나님만 아시는 숨겨져 있는 나의 죄를 회개한다.〕

저희 가정을 하나님의 보호하심에 맡기니, 불꽃같으신 눈으로 지켜주시옵소서. 저희 식구들의 삶을 하나님께서 친히 간섭해 주시옵소서. 어른의 일터와 애들의 학교생활에 주님의 동행을 누리게 하시옵소서. 저희들의 삶이 곧 하나님의 집이 되기 원합니다.

날마다 일용할 양식을 주셨던 은혜가 오늘도 계속되기를 소원합니다. 저희 가족에게 오늘, 꼭 있어야 되는 것들을 공급해 주시옵소서. 넘쳐서 교만해지지 않고, 모자라서 하나님을 원망하지 않으며, 감사로 살아가도록 채워주시옵소서. 여호와께서 주신 것으로 감사하는 한 날이 되게 하시옵소서.

예수 그리스도의 반석 위에 저희 가정을 세워주셨음에 감사드립니다. 여호와께 거룩한 가정을 만들어서 하나님의 처소가 되게 하시옵소서. 저희들의 삶과 이 가정을 통해서 교회의 모형을 이루어 가게 하시옵소서.

예수님의 이름으로 기도드립니다. 아멘.

7일 ∨ 주의 이름에 영광을

기도 전에 묵상할 말씀 - 시 86:12

우주 만물의 하나님,
한 걸음, 한 걸음을 인도해 주셨기에, 저희 가정이 하나님 앞에서 평안한 것을 감사드립니다. 지금까지도 여호와의 인도를 받는 가정이 되었으니, 하나님의 뜻을 이루어 드리는 식구들이 되게 하시옵소서. 간구하기 전에, 죄악을 회개합니다. 저희 가정을 하나님께 드림에 주목하지 못하고, 자녀들의 신앙을 살피지 못했음을 용서해주시옵소서.
〔-이어서, 가족과의 관계에서 하나님만 아시는 숨겨져 있는 나의 죄를 회개한다.〕
저희 가정이 여호와의 전이 되어, 하나님의 이름을 송축해드리게 하시옵소서. 이제까지와 같이 앞으로도 하나님의 이름이 저희 가정에서 높이 불리어져서 만방에 전해지게 하시옵소서. 저희 식구들이 한 마음으로 여호와의 이름을 즐거워하고, 그 이름에 소망을 두게 하시옵소서. 저희 가정과 가족이 세상으로부터 구별되어, 주님께 속하게 하시옵소서. 주님의 피를 바름이 경험되기 원합니다. 부모와 자녀들이 우리 주님의 지체가 되어 하나님을 찬송하고, 그 이름을 기뻐하는 것으로 영원한 즐거움이 되기 원합니다. 저희 가정이 거룩한 처소가 되어, 하나님의 뜻이 이곳 에서부터 이루어지게 하시옵소서. 하나님의 일에 마음의 배부름을 두게 하시며, 삶의 보람이 되게 하시옵소서. 오늘 하루가, 여호와 앞에서 전심으로 찬양을 드리는 삶이 되게 하시옵소서.
예수님의 이름으로 기도드립니다. 아멘.

8일 ∨ 편애가 없는 가족

기도 전에 묵상할 말씀 - 창 37:4

은혜로우신 하나님,
오늘에 이르도록 하늘의 신령한 복과 땅의 기름진 것으로 만족하게 하셨음을 찬양합니다. 저희 가정을 의인의 기업이 되게 하시고, 그 자비하심으로 지금까지 은총을 더하셨으니 더욱 주님의 이름을 높이게 하시옵소서. 이 시간에, 먼저 죄악을 회개합니다. 저희 부부와 자녀들을 여호와 앞에서 구별된 사람으로 세우는 것에 예민하지 못하였음을 용서해주시옵소서.
〔-이어서, 가족과의 관계에서 하나님만 아시는 숨겨져 있는 나의 죄를 회개한다.〕
저희 가정에 하나님의 사랑이 가득하기를 소망합니다. 부모와 자녀들에게 하나님의 사랑이 넘쳐서 서로를 사랑하게 하시옵소서. 사람의 생각과 기대로 서로를 볼 것이 아니라, 하나님의 마음으로 서로를 바라보게 하시옵소서. 저희들 각 사람이 여호와께 존귀한 자임을 인정하게 하시옵소서.
하나님의 사랑 안에서 가족으로 살게 하셨으니, 저희들 서로가 하나님의 은혜를 베풀게 하시옵소서. 하나님께서 주신 자녀와 하나님께서 주신 부모라는 은혜를 먼저 깨닫도록 이끌어 주시옵소서. 혹시라도 저희들의 마음에 누구를 더 사랑하고, 덜 사랑하는 마음이 없게 해 주시기 빕니다. 주님의 이름으로 서로를 축복하는 식구들이 되게 하시옵소서. 부모가 된 저희가 먼저 애들을 축복하게 하시옵소서. 또한 자녀들은 부모를 사랑하기에 축복하는 입술을 지니게 하시옵소서.
예수님의 이름으로 기도드립니다. 아멘.

9일 ∨ 주로 말미암은 기쁨과 즐거움

기도 전에 묵상할 말씀 - 시 70:4

나의 주, 나의 하나님,
사랑하는 식구들이 하나님의 은총으로 지내는 것을 생각할 때, 감사드립니다. 저희 가정에, 여호와의 인자하심이 함께 하시니, 그 크신 사랑을 찬양하는 가족이 되게 하시옵소서. 오늘, 하나님께 소원을 아뢰기 전에, 죄악을 회개합니다. 하나님의 사랑에 응답하여 온 가족이 여호와께 향기로운 제물이 되지 못한 것을 용서해주시옵소서.

〔-이어서, 가족과의 관계에서 하나님만 아시는 숨겨져 있는 나의 죄를 회개한다.〕

인생의 기쁨이 하나님께 있음을 믿습니다. 또한 인생의 즐거움도 오직 하나님께 있음을 믿습니다. 저희 가족이 하나님을 경외하고, 하늘로부터 내려오는 은혜를 소망하게 하셨음에 감사드립니다. 식구들 각자에게 그들의 형편이나 처지에서 기쁨을 누리고, 즐거워하게 해 주시기를 원합니다.

하나님께서 저희 가정의 주관자가 되어 주시고, 이 가정은 여호와의 거룩한 집이 되게 하시옵소서. 식구들 모두에게 늘 예배하는 심정으로 지내게 하시옵소서. 저희에게는 생업으로 주신 일자리에서, 애들에게는 공부를 하는 교실에서 하나님을 찾으며 지내게 하시옵소서.

오늘, 저희들이 살아가는 동안에, 잠시라도 하나님의 이름을 잊지 않게 하시옵소서. 저희들이 하는 일에 분주해서, 하나님이 아닌 것을 기쁨으로 삼으려 하거나 즐거움을 구하려 하지 않게 하시옵소서.
예수님의 이름으로 기도드립니다. 아멘.

10일 ∨ 흥왕하게 하시는 하나님

기도 전에 묵상할 말씀 - 출 12:1

은혜로우신 하나님,
지금까지 저희 가정과 식구들에게 내려주신 복에 대하여 감사로 찬양을 드립니다. 꼭 필요한 시간에, 꼭 알맞은 은혜를 내려주셨습니다. 성령님께서 회개의 영으로 죄악을 회개하도록 해주시기를 원합니다. 하나님의 사랑에 응답하여 온 가족이 여호와께 향기로운 제물이 되지 못한 것을 용서해주시옵소서.
〔-이어서, 가족과의 관계에서 하나님만 아시는 숨겨져 있는 나의 죄를 회개한다.〕
저희 가정에 여호와를 두려워하는 영적인 분위기를 주시옵소서. 하나님의 영이 저희들의 생각과 마음을 다스려 주시기를 빕니다. 하나님께 대한 거룩한 두려움으로 교만해지지 않게 하시며, 스스로 죄를 짓지 않게 하시옵소서. 잠시의 유익을 위해서 죄를 짓지 않게 하시옵소서.
여호와께서 하나님의 백성으로 구별해 주셨으니, 이 가정에 속한 모든 지체들에게 하나님을 두려워하는 은혜를 주시옵소서. 주님의 보혈로 심령을 채우는 한 날이 되게 하시옵소서. 성령님께서 저희들의 마음을 주장해 주시옵소서. 여호와 앞에서 경거망동하지 않게 하시옵소서.
저희들이 하나님의 말씀보다 자기의 생각을 위에 두지 않게 하시옵소서. 그리하여 하나님께 인정함을 받아 저희 가정이 왕성하게 되는 은혜를 누리게 하시옵소서. 저희들 각 사람의 삶에서 생육이 번성하고, 심히 강대하는 은혜를 누리게 하시옵소서.
예수님의 이름으로 기도드립니다. 아멘.

11일 ∨ 하나님께서 베푸신 큰 구원

기도 전에 묵상할 말씀 - 창 45:7

인자하신 하나님,

저희 가족의 삶을 주관하시고, 시간마다 때마다 하늘의 말씀으로 위로해주셨음에 감사드립니다. 부모와 자녀 온 식구들이 주님을 모시고 살게 하셨으니, 하나님의 성전이 되는 가정이기를 소원합니다. 먼저 죄악을 회개합니다. 가족을 축복할 권세를 주셨음에도 기도에 게을러서 가족을 위하여 빌지 못한 죄를 고백합니다. 용서해주시옵소서.

〔-이어서, 가족과의 관계에서 하나님만 아시는 숨겨져 있는 나의 죄를 회개한다.〕

저희 가정에 자녀들 여럿을 주셨음에 감사드립니다. 한 생명, 한 생명에게 하나님의 뜻이 있어서 세상에 태어나도록 하셨음을 믿습니다. 존귀한 애들이 하나님의 사랑과 은혜로 자람을 즐거워합니다. 오늘도, 하나님의 사람으로 늠름하게 성장하는 것을 보게 해주시옵소서.

저희 자녀들이 지내는 중에, 서로가 갈등을 경험하게 되고, 이해하지 못하는 상황에도 맞닥뜨리게 됨을 생각합니다. 갈등이 일어날 때, 서로를 향해서 감정적으로 대하지 않게 하옵소서. 그리고 갈등보다도 하나님의 일하심이 더욱 크게 보이기 원합니다.

가족의 구성원들이 서로 함께 지내다보면, 갈등이 오히려 자연스러움을 인정하게 하시옵소서. 또한 갈등의 배후에서 지켜보시는 하나님을 보게 하시옵소서. 이로써 하나님의 은혜가 더욱 큰 것을 깨닫게 하시옵소서.

예수님의 이름으로 기도드립니다. 아멘.

12일 ∨ 땅에서도 이루어지이다

기도 전에 묵상할 말씀 - 마 6:10

하나님 아버지,
하늘로부터 임한 은혜를 생각할 때, 낮이나 밤으로 마음을 다 드린다 하여도 감사의 찬양을 못 다 부를 것입니다. 오직 찬양으로 살아 드리는 저희 가족이 되게 하시옵소서. 성령님의 인도하심에 따라 죄악을 회개합니다. 가족을 축복할 권세를 주셨음에도 기도에 민감하지 못하였습니다. 축복의 사명을 감당 못한 죄를 용서해주시옵소서.

〔-이어서, 가족과의 관계에서 하나님만 아시는 숨겨져 있는 나의 죄를 회개한다.〕

하나님의 백성이 된 저희들이 오늘의 삶에서 하나님의 뜻을 이루어 드리기에 준비되게 하시옵소서. 오늘도 하나님의 일이 이 땅에서 이루어지도록 저희들을 사용하시기 원하심을 깨닫습니다. 사랑하는 식구들이 삶의 현장에서 여호와께 드려진 거룩한 도구가 되게 하시옵소서.

하나님의 살아계심이 저희들을 통해서 나타나기 원합니다. 많은 이들이 살아가고 있으나 저희 가정이 하나님께 드려졌음에 감사드립니다. 이 백성들과 이 땅을 위하시는 하나님의 일하심에 저희들을 드리게 하시옵소서.

하나님의 창조역사에 저희 가정이 쓰임을 받게 하시옵소서. 주님의 보혈로 구원을 받았으매, 온 식구들의 심령에 피를 부어주시옵소서. 주님의 기도를 묵상합니다. 입술로 외워대는 기도가 아니라, 삶에서 주님의 기도를 이루게 하시옵소서.

예수님의 이름으로 기도드립니다. 아멘.

13일 ∨ 그 권능으로 크신 주의 이름

기도 전에 묵상할 말씀 - 렘 10:6

전지전능하신 하나님,
하나님을 모시고, 살아가는 동안에 하늘의 기쁨을 누리게 하시니 감사드립니다. 성령님의 충만하심이 저희 가족에게 함께 하셔서 여호와의 영광을 구하는 식구들이 되게 하시옵소서. 이 시간에, 먼저 죄악을 회개합니다. 가족을 섬겨야 할 의무를 주셨음에도 그들의 이름을 부르지 못한 죄를 저질렀습니다. 용서해주시옵소서.
〔-이어서, 가족과의 관계에서 하나님만 아시는 숨겨져 있는 나의 죄를 회개한다.〕
오늘, 저희들에게 하나님의 이름을 부르는 감격함을 주시옵소서. 저희 가정에서 여호와의 이름을 높여드리는 소리가 하늘에 닿기를 빕니다. 하나님께서 저희들의 삶을 연장시켜 주시고, 새 날을 맞이하게 하셨으니, 여호와의 이름을 찬미하는 자녀들이 되게 하시옵소서.
하나님은 지난밤에, 저희들을 지켜주심으로써 찬양을 받으시기에 합당하십니다. 하나님은 오늘도 저희들에게 임마누엘이 되시기에 찬양을 받으셔야 합니다. 이 거룩한 가정에 있는 식구들에게 여호와의 이름에 합당한 영광을 구하게 해 주시옵소서.
아버지의 이름이 사랑스럽듯이, 하나님도 오늘 저희들에게 사랑스러우시기를 빕니다. 아버지의 이름이 마음을 편하게 해 주듯이, 하나님도 오늘 저희들에게 평안을 주시기를 빕니다. 오늘, 종일을 지내면서 하나님의 이름에 영광을 드리는 저희들이 되게 하시옵소서.
예수님의 이름으로 기도드립니다. 아멘.

14일 ∨ 내게 축복하지 아니하면

기도 전에 묵상할 말씀 - 창 32:26

만물을 다스리시는 하나님,
어렵고 힘들었던 시간들을 기쁨으로 바꾸어 주신 은총을 기억합니다. 하나님을 더 깊이 알게 하셨음을 즐거워하며, 사랑하는 식구들이 한 자리에서 감사의 찬양을 바치니 받으시옵소서. 성령님께서 감동해주시는 대로, 죄악을 회개합니다. 여호와 앞에서 가족을 주목하지 못하고 지낸 시간들을 고백합니다. 용서해주시옵소서.

[-이어서, 가족과의 관계에서 하나님만 아시는 숨겨져 있는 나의 죄를 회개한다.]

사랑하는 저희 가족에게 하나님의 은혜를 소망하는 기대와 열심을 주시옵소서. 천국을 침노하는 마음을 품고, 하나님의 은혜에 도전하는 삶을 사랑하게 하시옵소서. 이미, 저희들이 구하기 전에 있어야 할 것을 아시고 주시지만, 하나님의 더욱 크고 위대한 역사를 보려는 투지를 주시옵소서.

이로써, 저희 가족에게 하나님의 은혜를 구하는 습관을 갖게 해 주시옵소서. 하나님을 향해서 끈질기며, 응답을 받기까지 뒤로 물러나지 않는 인내를 갖게 하시옵소서. 소망 중에 인내를 경험하게 하시고, 그 인내로 결실의 기쁨을 누리게 하시옵소서.

야곱이 하나님의 사람을 놓지 않았던 열정을 저희들의 것이 되게 하시옵소서. 이 가정에서 기도하는 자마다 복을 받기까지 무릎을 펴지 않게 해 주시옵소서. 내민 손을 거두어들이지 않게 하시옵소서. 오늘, 한 날에도 구하는 손길마다 하나님의 응답으로 안겨 주시옵소서.

예수님의 이름으로 기도드립니다. 아멘.

15일 ∨ 하나님의 성전의 문지기

기도 전에 묵상할 말씀 - 시 84:10

거룩하신 삼위의 하나님,

근심과 걱정, 눈물이 많은 시간들이었지만, 여호와의 위로하심으로 견디어 이기게 하셨음에 감사드립니다. 이제, 후로는 하나님의 품에서 평안을 누릴 것을 기대할 때, 더욱 감사드립니다. 오늘도 먼저 죄악을 회개합니다. 가족을 위하여 믿음으로 구하고, 하나님의 은총이 임하도록 간구하지 못하였음을 고백합니다. 용서해주시옵소서.

〔-이어서, 가족과의 관계에서 하나님만 아시는 숨겨져 있는 나의 죄를 회개한다.〕

사랑하는 가족에게 하늘을 우러러 하나님을 향한 마음을 주셔서 감사합니다. 저희 가정을 성소로 삼아주시고, 아침마다 하나님께 목이 말라 기도하게 하시고, 생명수의 은혜로 시원케 해 주셨음을 기억합니다. 그 은혜가 날마다 계속되게 하시옵소서. 이 가정에 속해 있는 어른, 아이 할 것 없이 여호와의 은혜만 구하게 하시옵소서.

하나님의 공급해 주시는 은혜로 때마다, 일마다에 아쉬울 것이 없음이었습니다. 저희 가정에 속한 지체들에게 성령님의 강권하심이 눈동자 같이 지켜 주시는 은혜를 저버리지 게 하시옵소서.

오늘, 저희 식구들을 하나님의 거룩하심으로 구별해 주시옵소서. 세상이 주는 더러운 것들에 마음을 빼앗기지 게 하시옵소서. 향긋한 냄새와 달콤한 말로 유혹하는 죄악의 행동을 거절하는 용기를 주시옵소서. 하나님의 은혜를 묵상하는 것을 귀히 여기게 하시옵소서.

예수님의 이름으로 기도드립니다. 아멘.

16일 ∨ 자기를 더럽히지 아니하리라

기도 전에 묵상할 말씀 - 단 1:8

사랑이 많으신 하나님,
저희 가족의 날마다에 여호와의 인도하심이 있으셨음을 찬양합니다. 날마다 하늘의 문을 여시고, 먹이시고, 입히시며, 돌보아주셨음을 새롭게 깨닫습니다. 하나님의 자녀로 복 되게 살기 원합니다. 이 시간도 죄악을 먼저 회개합니다. 부모로써 마땅히 가족을 사랑해야 함에 게을렀고, 저희 식구들이 여호와께 제단이 되는 것에 소홀했음을 고백합니다. 용서해주시옵소서.

〔-이어서, 가족과의 관계에서 하나님만 아시는 숨겨져 있는 나의 죄를 회개한다.〕

하나님의 자녀들에게 늘 천국을 사모하는 마음을 주셔서 감사드립니다. 하나님의 영광을 구하며 살았던 믿음의 선조들을 흠모하는 저희 식구들에게, 각 사람의 분량에 따라 은혜를 내려 주시옵소서. 귀한 지체들이 오늘도 여호와 앞에서 자신의 뜻을 새롭게 하는 은혜를 주시옵소서.

자신의 거룩함을 지키고, 하나님께 드릴 제물이 된 삶을 살고자 결단하게 하시옵소서. 사람의 생각과 종교적인 행실로 여호와를 찾지 않게 하시옵소서. 진실로 하나님을 사랑하는 마음을 주시고, 하나님께 경배가 되는 삶을 구하게 하시옵소서.

오늘, 저희 식구들이 주님의 이름으로 기도하게 하시고, 종일의 삶이 기도가 되게 하시옵소서. 죄의 유혹과 옛사람의 행실을 거절하는 담대함을 누리는 즐거움에서 지내게 하시옵소서.

예수님의 이름으로 기도드립니다. 아멘.

17일 ∨ 새긴 우상을 만들지 말고

기도 전에 묵상할 말씀 - 출 20:4

만물의 주가 되시는 하나님,
이 세상에 사는 것이, 수고와 슬픔뿐인 나그네의 삶이지만, 여호와의 손이 함께 하셨음에 감사드립니다. 낮에는 비록 힘이 들었으나, 밤마다 여호와의 품에 안기어 평안을 누리게 하셨음을 즐거워합니다. 성령님께서 인도해주심에 따라 먼저 죄악을 회개합니다. 저희 가정을 하나님께 드리는 것에 주목하지 못하고, 자녀들의 신앙을 살피지 못했음을 용서해주시옵소서.
〔-이어서, 가족과의 관계에서 하나님만 아시는 숨겨져 있는 나의 죄를 회개한다.〕
성령님의 충만하심으로 저희들에게 하나님을 하나님으로 온전히 경외하게 하시옵소서. 성령님의 깨닫게 하시며, 거룩하게 하시는 은혜로 저희들이 심령이 하나님을 즐거워하게 하시옵소서. 그 어떤 것으로도 하나님을 대신할 수 없도록 다스려 주시옵소서.
혹시, 저희들이 하나님께 드려야 할 것을 자기들의 것으로 취하는 어리석은 죄를 짓지 않게 해 주시기를 빕니다. 하나님께 구별되어야 할 것을 저희들의 것으로 갈취하는 죄악을 버리게 하시옵소서. 또한 마땅히 하나님만을 찾아야 하는데, 다른 것으로 하나님을 대체하지 않게 하시옵소서.
오늘도, 하나님께서 저희들의 하나님이 되심에 감사드립니다. 우리 가정의 모든 식구들이 하나님의 장중에 붙들려서 지내는 하루가 되게 하시옵소서. 성실한 마음으로 하나님의 영광을 구하게 하시옵소서.
예수님의 이름으로 기도드립니다. 아멘.

18일 ∨ 그의 계명과 법도와 율례를

기도 전에 묵상할 말씀 - 대하 34:31

구원의 주 하나님,
저희 가족을 구원에 이르게 해 주신 주님의 이름을 찬양합니다. 오늘도, 십자가에서 흘리신 보혈의 은혜로 하나님께 나아가며, 세상을 이기기 원합니다. 또한 죄를 물리치며 살아가도록 인도해 주시옵소서. 이 시간에, 먼저 죄악을 회개합니다. 저희 부부와 자녀들을 여호와 앞에서 구별된 사람으로 세우는 것에 예민하지 못하였음을 용서해주시옵소서.
〔-이어서, 가족과의 관계에서 하나님만 아시는 숨겨져 있는 나의 죄를 회개한다.〕
저희에게 여호와는 하나님이시며, 하나님을 경외하는 가족으로 살 것을 늘 새롭게 하는 은혜를 주시옵소서. 날마다 아침이 새롭게 시작되듯이, 저희 가족의 하나님을 사랑하는 마음도 새롭게 해주시옵소서.
오늘, 사랑하는 자녀들에게는 부모의 신앙을 자기의 것으로 삼는 약속을 하게 하시옵소서. 하나님께서 구별하여 복을 주신 가정에, 여호와를 순종하는 식구들이 되게 하시옵소서. 하나님의 말씀을 사랑하고, 그 말씀에 순종하는 것으로 하나님의 은혜에 응답하게 하시옵소서.
이 시간에, 저희들이 지키고 따를 말씀을 주셨음에 감사드립니다. 하나님을 가까이 하고, 사랑하는 실천으로서 말씀에 순종하는 자손들이 되게 하시옵소서. 저희 가족에게 주신 여호와의 계명과 법도와 율례를 생명처럼 여기게 하시옵소서.
예수님의 이름으로 기도드립니다. 아멘.

19일 ∨ 여호와의 이름을 의뢰하며

기도 전에 묵상할 말씀 - 사 50:10

하나님 아버지,
성령님의 도우심을 통해서 슬픔을 이겨 기쁨을 누리게 하시니 감사드립니다. 그 은혜가 저희 가정에 넘쳐서, 식구들 각자가 서로 위로하며, 한 몸 된 사랑으로 지내게 하심을 믿습니다. 오늘도 간구하기 전에 먼저 죄악을 회개합니다. 하나님의 사랑에 응답하여 온 가족이 여호와께 향기로운 제물이 되지 못한 것을 용서해주시옵소서.

〔-이어서, 가족과의 관계에서 하나님만 아시는 숨겨져 있는 나의 죄를 회개한다.〕

오늘, 한 날을 시작하면서 성령님을 모셔 들이는 가족이 되게 하시옵소서. 이 집안에 거하는 식구들 각 사람에게 성령님의 충만하심이 있기를 빕니다. 하나님의 음성에 주린 마음을 주시옵소서. 하나님의 말씀을 사모하는 마음을 갖게 하시옵소서.

하나님께서 주신 새 날을 살아가면서, 여호와의 이름을 부르는 은혜를 주시옵소서. 저희들이 하나님의 이름을 부를 때, 그 이름에 담겨져 있는 은혜와 능력이 역사되는 것을 누리게 하시옵소서. 저희들의 지혜나 힘으로 이 날을 지낼 수 없습니다.

여호와의 이름을 즐거워합니다. 여호와의 이름을 사랑합니다. 그 이름에 삶의 소망을 두게 하시옵소서. 그 이름의 능력과 권세에 저희들 자신을 내려놓게 하시옵소서. 오늘의 삶에 대한 모든 것을 내려놓게 하시옵소서.

예수님의 이름으로 기도드립니다. 아멘.

20일 ∨ 하나님의 말씀을 마음에 두다

기도 전에 묵상할 말씀 - 창 27:13

온 땅에 충만하신 하나님,
구속의 은혜로 거듭나게 하시며, 산 소망의 가족이 되게 하셨음을 찬양합니다. 저희 가정에서 날마다 보혈의 공로가 찬양이 되고, 주님의 이름이 높여지게 하시옵소서. 이 시간에, 먼저 죄악을 회개합니다. 하나님의 사랑에 응답하여 온 가족이 여호와께 향기로운 제물이 되지 못한 것을 용서해주시옵소서.
〔-이어서, 가족과의 관계에서 하나님만 아시는 숨겨져 있는 나의 죄를 회개한다.〕
오늘도 하나님의 말씀을 묵상하며, 그 말씀의 언약이 이루어짐을 마음에 품는 은혜를 주시옵소서. 여호와의 말씀은 꼭 이루어지고, 하나님의 뜻이 이루어지도록 하신 말씀이라는 것을 마음에 두기 원합니다. 그 말씀에 순종함으로써 저희 가정에 하나님의 뜻이 이루어지게 하시옵소서.
저희 가정에서 성경을 읽는 소리가 들릴 때, 그 음성이 하나님의 목소리가 되게 하시옵소서. 또한 성경을 읽는 심령에는 하나님의 뜻을 이루어드리겠다는 결단의 마음을 다짐하게 하시옵소서. 때로는 그것이 어려운 일이라 해도, 순종하게 하시옵소서.
하나님의 은혜가 말씀을 통해서 저희 가정에 임하는 것을 믿습니다. 그 말씀으로 저희 가족이 생명의 삶을 누리게 됨도 믿습니다. 아울러 그 말씀에 저희들의 사명이 있음을 깨달아 마음에 두게 하시옵소서. 하나님의 말씀을 마음에 새기는 은혜를 주시옵소서.
예수님의 이름으로 기도드립니다. 아멘.

2. 흔들어 누르고 넘치는 생활

21. 범사에 잘 되고 강건하기를

22. 시온에서 주시는 복

23. 여호와의 명령을 듣고 지켜 행하며

24. 갑절로 남겨진 달란트

25. 나중은 심히 창대하리라

26. 실로 아름다운 나의 기업

27. 반드시 네 손을 펼지니라

28. 종들에게 나타나는 여호와의 손

29. 여호와께서 복을 주시므로

30. 안전히 살아가는 은혜

31. 모든 일에 복을 주시리니

32. 크게 번성하여 하늘의 별과 같고

33. 경외하는 자에게 주시는 기업

34. 재물 얻을 능력을

35. 믿음과 오래 참음으로 말미암아

36. 능히 누리게 하시며

37. 모든 쓸 것을 채우시리라

38. 건지시고, 인도하시는 하나님

39. 은혜를 베풀며 꾸어 주는 자

40. 여호와를 찾을 동안에는

21일 ∨ 범사에 잘 되고 강건하기를

기도 전에 묵상할 말씀 - 요삼 1:2

우주 만물을 다스리시는 하나님,
복된 가정에 생명의 말씀으로 은혜를 주시고, 그 약속대로 복을 주셨음을 찬양합니다. 저와 저희 가족의 모든 것에서 하나님의 말씀 위에서 영원토록 굳게 서는 은혜를 누리게 하시옵소서. 아뢰기 전에 먼저 죄악을 회개합니다. 가족을 축복할 권세를 주셨음에도 가족을 위하여 빌지 못한 죄를 고백합니다. 용서해주시옵소서.
〔-이어서, 가족과의 관계에서 하나님만 아시는 숨겨져 있는 나의 죄를 회개한다.〕
오늘도 어제와 같이, 하나님의 은혜로 하루를 살게 하시옵소서. 종일을 지낼 때, 저희들을 복 된 사람으로 선택해 주신 은총을 기억하게 하시옵소서. 그 복으로 말미암아 더욱 하나님을 경외하며, 천국 백성을 살게 하시옵소서. 하나님께 드려야 하는 삶을 살게 하시옵소서.
하늘의 보고를 여시고, 거저 주신 것들이 많음에, 그 누리는 은혜를 이웃들에게 나누는 사명을 감당하게 하시옵소서. 말이나 행실에 있어서, 식구들 각 사람이 삶을 누리는 자리에서 그리스도를 나타내게 하시옵소서. 신령한 은혜에 동참한 그 모습으로 세상에 대하여 사는 저희들이 되게 하시옵소서.
저희 가족들에게 오늘 하루가 감사의 시간들로 채워지기를 빕니다. 성령님의 인도에 따라 저희들의 삶을 내어드리게 하시고, 성령님께 순종하는 한 날이 되게 하시옵소서. 이로써 범사가 잘 되고, 형통하게 하시옵소서.
예수님의 이름으로 기도드립니다. 아멘.

22일 ∨ 시온에서 주시는 복

기도 전에 묵상할 말씀 - 시 128:5

사랑이 많으신 하나님,
저희의 원대로 성령님의 크신 역사가 있게 하시고, 온 가족이 믿음으로 지내게 하셨음을 즐거워합니다. 이 은혜에 감사하여 더욱 주님을 사랑하는 저희 가정이 되게 하시옵소서. 이 시간에, 먼저 죄악을 회개합니다. 가족을 축복할 권세를 주셨음에도 기도에 민감하지 못하였습니다. 축복의 사명을 감당 못한 죄를 용서해주시옵 소서.
〔-이어서, 가족과의 관계에서 하나님만 아시는 숨겨져 있는 나의 죄를 회개한다.〕
저희 가정이 여호와께 복이 되게 하시고, 저희 가족에게 복을 주셨음에 감사합니다. 나아가, 저희와 자녀들이 강건하게 해 주심을 기대할 때 감사하지 않을 수 없습니다. 이제까지도 하나님의 인자하심과 넉넉하심으로 평안을 누리게 하셨던 것을 기억합니다.
하나님의 저희를 사랑하심은 재물에도 부족함이 없게 하셨고, 식구들이 지내는 매일, 매일에 일용할 양식을 공급해 주셨습니다. 가족의 생계를 책임진 저희에게는 생활에 필요한 재물을 마련하게 하셨고, 공부를 하며 자라야 하는 애들에게는 지혜를 주시고, 학문을 하는 능력을 주셨습니다.
여호와의 자비로 말미암아 번영의 은혜를 누리게 하시옵소서. 예배를 중심으로 사는 저희들에게 예루살렘의 번영을 보는 은혜를 주시옵소서. 그 번영을 통해서 하나님은 저희 가정에 하나님이심을 믿게 하시옵소서.
예수님의 이름으로 기도드립니다. 아멘.

23일 ∨ 여호와의 명령을 듣고 지켜 행하며
기도 전에 묵상할 말씀 - 신 28:13

자비로우신 하나님,

성령님께서 충만히 임재하시고, 그 인도하심대로 살게 하셨음을 찬양합니다. 저희 가정의 식구들이 하나님의 사랑을 입은 자가 되어 모든 일에 부요함을 누리고, 형통케 하시는 은혜를 주시니 찬양합니다. 성령님께서 이끌어주시는 대로 먼저 죄악을 회개합니다. 가족을 섬겨야 할 의무를 주셨음에도 그들의 이름을 부르지 못한 죄를 저질렀습니다. 용서해주시옵소서.

〔-이어서, 가족과의 관계에서 하나님만 아시는 숨겨져 있는 나의 죄를 회개한다.〕

오늘, 또 다시 한 날의 삶을 주셨으니, 하나님 앞에서 살아가게 하시옵소서. 하나님을 사랑하고 섬기는 것을 제일로 여기게 하시옵소서. 저희들의 삶이 부요해지기보다 먼저, 하나님을 섬기는 삶이 부요해지게 하시옵소서.

하나님을 높여드림에서, 저희들을 높여주시는 하나님을 보게 해주시기를 빕니다. 하나님이 최고봉이 되심으로써 저희들을 최고의 자리에 앉혀주시는 하나님을 보게 하시옵소서. 오늘, 저희들의 삶은 하나님의 말씀을 지키는 하루가 되고, 그 명령이 이 땅에서 이루어지는 삶이 되게 하시옵소서. 복으로 인도해주시옵소서.

저희 식구들에게 머리가 되려는 것보다, 꼬리가 되지 않기 위해서 자신을 다스리는 은혜를 주시옵소서. 위에 있기를 원하기보다, 아래로 떨어지지 않기 위해서 하나님 앞에 서있기를 소망하게 하시옵소서.

예수님의 이름으로 기도드립니다. 아멘.

24일 ∨ 갑절로 남겨진 달란트

기도 전에 묵상할 말씀 - 마 25:16-17

사랑이 많으신 하나님,
사랑하는 가족이 주님의 이름 아래에서 한 몸을 이루게 하셨음에 감사드립니다. 이들이 모두 우리 주님을 섬기면서 한 믿음으로 지내기를 소망하게 하시옵소서. 저의 심령을 성령님께 내어드립니다. 이 시간에, 먼저 죄악을 회개합니다. 여호와 앞에서 가족을 주목하지 못하고 지낸 시간들을 고백합니다. 용서해주시옵소서.
〔-이어서, 가족과의 관계에서 하나님만 아시는 숨겨져 있는 나의 죄를 회개한다.〕
하나님 앞에서 저희들의 신앙적인 삶이 강건해지게 하시옵소서. 하나님의 사람으로서의 자리에서 떠나지 않게 하시옵소서. 먼저 영혼이 잘 되어야 하는 원리를 따르게 하시옵소서. 하나님의 자녀로서 살아가야 하는 것에 삶의 중심이 놓이게 하시옵소서.
오늘, 하나님의 자녀로 살아가는데 조금의 부족함도 없게 해 주시기를 빕니다. 진실로, 만나와 메추라기만 구할 것이 아니라, 하나님의 사람으로 살아가는 것을 구하게 하시옵소서. 저희들의 삶에서 맡겨진 달란트가 있다면, 갑절로 남기는 충성의 하루가 되게 하시옵소서.
성령님의 충만하심을 통해서 사명을 감당하는 한 날이 되게 하시옵소서. 저희들 각 사람과 이 가정에 주신 거룩한 직분에 대하여 감사드립니다. 저희들이 담당해야 될 일에 헌신하는 한 날이 되게 하시옵소서. 저희 가정에 맡겨진 분부를 따르는 일에 헌신하게 하시옵소서.
예수님의 이름으로 기도드립니다. 아멘.

25일 ∨ 나중은 심히 창대하리라

기도 전에 묵상할 말씀 - 욥 8:7

창대하게 하시는 하나님,
사랑하는 가족에게 여호와를 향한 믿음만을 가지고 살아가기를 소망하게 하심을 찬양합니다. 가정을 존귀한 공동체로 세워주시고, 하나님의 약속을 바라보게 하심을 즐거워합니다. 먼저 죄악을 회개합니다. 가족을 위하여 믿음으로 구하고, 하나님의 은총이 임하도록 간구하지 못하였음을 고백합니다. 용서해주시옵소서.
〔-이어서, 가족과의 관계에서 하나님만 아시는 숨겨져 있는 나의 죄를 회개한다.〕
오늘, 하나님의 역사가 저희 가정에 임하고, 식구들 각 사람마다의 삶에서 여호와의 일하심을 기대하게 된 가슴이 벅찹니다. 하나님께서 저희들을 사랑하시고, 자녀로 삼으셨으니, 천국의 시민으로 온전히 살게 하시옵소서. 저희들의 하루가 하나님의 영광을 드러내고, 즐거움이 넘치기를 빕니다.
이제, 저희들은 가진 것이 부족할지라도 낙심하지 않음에 감사드립니다. 지금은 잠시 곤란하고, 또한 어려울지라도 하나님의 손을 기대합니다. 그 손으로 역사하실 때, 심히 창대하게 해주심을 확신하며, 번영을 누리게 하시는 은혜에 소망을 둡니다.
저희 가정을 사랑하시는 은혜가 오늘도 계속될 것을 생각할 때, 하루를 설렘에서 시작합니다. 거절할 수 없는 하나님의 은혜로 저희를 새롭게 하시며, 풍성하게 하심을 믿습니다. 복된 가정에 궁핍하지 않고, 남들에게 꾸이지 않도록 하시는 긍휼의 은혜를 내려 주시옵소서.
예수님의 이름으로 기도드립니다. 아멘.

26일 ∨ 실로 아름다운 나의 기업

기도 전에 묵상할 말씀 - 시 16:6

하늘 영광의 하나님,
때로는 사는 것이 힘이 들지라도 예수님의 이름을 힘입어 견디게 하셨음에 감사드립니다. 어려울 때마다, 식구들의 마음을 하나로 묶어 기도하게 하셨으니 더욱 감사드립니다. 회개의 영을 부으셔서 죄악을 뉘우치게 하시옵소서. 가족을 사랑함에 게을렀고, 저희 식구들이 여호와께 제단이 되는 것에 소홀했음을 고백합니다.
〔-이어서, 가족과의 관계에서 하나님만 아시는 숨겨져 있는 나의 죄를 회개한다.〕
저희 가정에 복을 주시고, 가족들이 평안히 살아가도록 생업을 주셨음에 감사합니다. 저희에게 주신 이 일자리를 거룩하게 하시고,, 하나님의 백성들이 재물의 공급을 받으며 지내기에 조금의 모자람도 없게 하시옵소서. 애들에게도 이 생업에 대하여 하나님의 은혜를 묵상하도록 하시옵소서.
말씀과 기도로 영적인 삶이 풍성해지고, 생업에서 얻어지는 이익으로 말미암아 육신적인 삶도 부요해지게 하시옵소서. 그리고 저희들이 누리는 만큼 가난한 이들에게 손을 펴도록 은혜를 더하시옵소서. 하나님께서 주신 기업을 존중하게 하시며, 더욱 땀을 흘려 일하려는 마음을 주시옵소서.
하나님의 백성을 살게 하시느라 주신 가정을 축복합니다. 저희들이 미련해서 더욱 많은 열매가 거두어지지 않게 했을 뿐임을 깨닫습니다. 저희들이 부족할 때, 여호와의 손으로 우리 가정을 만져 주시옵소서.
예수님의 이름으로 기도드립니다. 아멘.

27일 ∨ 반드시 네 손을 펼지니라
기도 전에 묵상할 말씀 - 신 15:11

생명을 주관하시는 하나님,
저희를 사랑하시는 여호와의 미쁘심을 묵상할 때, 찬양합니다. 이제까지 하나님의 은혜로 저희들의 소망이 성취되고, 늘 소원을 품게 하셨음에 감사드립니다. 오늘도, 이김을 보는 하루가 되게 하시옵소서. 이 시간에, 죄악을 회개합니다. 저희 가정을 하나님께 드리는 것에 주목하지 못하고, 자녀들의 신앙을 살피지 못했음을 용서해주시옵소서.
〔-이어서, 가족과의 관계에서 하나님만 아시는 숨겨져 있는 나의 죄를 회개한다.〕
저희들에게 복 된 삶을 주시려고, 말씀을 따르게 하셨음에 감사드립니다. 명령과 규례와 법도로 주신 하나님의 말씀을 귀하게 여기게 하시옵소서. 만에 하나라도, 말씀을 소홀히 받아들이지 않게 하시고, 그 말씀에 순종하여 입으로만 말해지는 말씀이 되지 않게 하시옵소서.
저희들의 주변에 가난한 이들이 있어, 그들을 돌아보게 하신 하나님의 섭리를 배우게 하시옵소서. 저희들로 하여금 가난한 자들을 섬겨, 하나님을 대접해 드리게 하시옵소서. 가난하여 곤란한 이들을 돌보시는 하나님의 뜻에 순종하게 하시옵소서.
하나님 아버지의 이름을 주목하게 하시옵소서. 저희들이 가난한 형제들에게 손을 내밀기에 여호와의 손이 저희들에게 더 많이 펴짐을 믿습니다. 가난한 자들에게 내어주는 저희들의 주머니를 더 많이 채워주시는 하나님을 바라보게 하시옵소서.
예수님의 이름으로 기도드립니다. 아멘.

28일 ∨ 종들에게 나타나는 여호와의 손

기도 전에 묵상할 말씀 - 사 66:14

은혜에 은혜를 더하시는 하나님,
이제까지 지내온 것이 하나님의 은혜였음을 고백합니다. 저희들의 지혜나 슬기로 살아올 수 없던 시간들이었습니다. 베풀어 주신 은혜에 감사하면서 사나 죽으나 여호와의 이름에 영광을 바치게 하시옵소서. 죄악을 회개합니다. 저희 부부와 자녀들을 여호와 앞에서 구별된 사람으로 세우는 것에 예민하지 못하였음을 용서해주시옵소서.
〔-이어서, 가족과의 관계에서 하나님만 아시는 숨겨져 있는 나의 죄를 회개한다.〕
오늘, 저희 가족은 하나님의 은혜로 말미암아 식구들 각 사람에게 하루의 삶이 순조롭게 하시옵소서. 오늘을 보내는 중에, 성공을 거두는 환상을 품게 하시옵소서. 자기 백성을 위하시는 하나님의 열심을 기대하게 하시옵소서.
여호와의 함께 하심에 저희들의 마음이 놀래게 하시옵소서. 저희들이 구하기 전에, 미리 챙겨주시고, 좋은 것으로 만족케 하시는 하나님의 사랑에 가슴이 벅차게 하시옵소서. 하나님은 여전히 저희들이 편이시라는 확신의 기쁨을 주시옵소서.
이 좋은 날에, 여호와를 사랑하는 것으로 마음에 평안을 누리게 하시옵소서. 갈한 심령이 시원해지고, 굶주렸던 심령에 배부름을 주시옵소서. 여호와의 은혜로 영혼의 삶과 육신의 삶이 강건해짐을 기다리게 하시옵소서.
예수님의 이름으로 기도드립니다. 아멘.

29일 ∨ 여호와께서 복을 주시므로

기도 전에 묵상할 말씀 - 창 22:12-13

구원의 주 하나님,

세상에서 사는 삶이 늘 즐거운 일만 있지 않으나, 어려움 중에도 도우시는 여호와의 손길을 보게 하시니 찬양합니다. 어려운 일에 부닥칠 때마다, 믿음이 없음을 보게 되지만, 그럼에도 은혜를 베풀어 주신 하나님이십니다. 이 시간에, 먼저 죄악을 회개합니다. 하나님의 사랑에 응답하여 온 가족이 여호와께 향기로운 제물이 되지 못한 것을 용서해주시옵소서.

〔-이어서, 가족과의 관계에서 하나님만 아시는 숨겨져 있는 나의 죄를 회개한다.〕

저희 가정을 천에 하나로, 만에 하나로 구별하여 선택해 주시고, 오늘까지 하늘의 복을 받게 하셨음을 기억합니다. 이 시간에도, 하나님의 은혜를 생각하니 마음이 새롭게 울려옵니다. 하나님의 은총을 받은 귀한 가정이 되게 하시옵소서.

여호와께서 주신 복으로 하나님의 사람이 되어 살게 하셨음을 묵상합니다. 또한 하나님을 경외하는 것을 제일의 소망으로 여기게 하셨음을 묵상합니다. 어른은 물론, 애들에게까지 하나님을 섬기는 것을 인생의 근본으로 깨달아 살게 하시옵소서.

진실로, 저희 가정이 여호와께로 복을 받기를 빕니다. 자녀들과 더불어 지낼 때, 하나님의 복이 띠를 두르는 가정이 되게 하시옵소서. 손을 대는 것마다 실패함이 없고, 수확의 기쁨을 누리게 하시옵소서. 창대하고 왕성함에 이르는 즐거움을 주시옵소서.

예수님의 이름으로 기도드립니다. 아멘.

30일 ∨ 안전히 살아가는 은혜

기도 전에 묵상할 말씀 - 시 4:8

신실하심의 하나님,
오늘까지, 주님의 이름을 높이게 하시며, 날마다 준비해 주신 일용할 양식에 감사드립니다. 여호와 하나님을 사랑하면서, 하늘에 소망을 둔 자녀답게 선한 행실에 힘을 쓰는 가족이 되게 하시옵소서. 죄악을 회개합니다. 하나님의 사랑에 응답하여 온 가족이 여호와께 향기로운 제물이 되지 못한 것을 용서해주시옵소서.
〔-이어서, 가족과의 관계에서 하나님만 아시는 숨겨져 있는 나의 죄를 회개한다.〕
저희 식구들이 하루를 살아갈 때, 복된 날이 되기를 축복합니다. 여호와로 말미암은 기쁨이 부모와 애들에게 복스러운 하루가 되게 하시옵소서. 가정에 필요한 재물과 애들에게 요구되는 지혜를 넘치도록 공급해 주시기를 소망합니다.
하나님의 은혜로 오늘, 하루라는 생명이 연장되게 하시옵소서. 저희에게는 생업에 부지런하여 땀을 흘려 일용할 양식을 구하게 하시고, 애들에게는 공부에 게으르지 않아 열심을 내게 하시옵소서. 그리하여 저희 가족에게 믿음과 삶에 열매를 맺는 하루가 되게 하시옵소서.
하나님의 얼굴이 온 종일 저희에게 돌려지기 원합니다. 하나님의 도우시는 손길이 저희 가족들에게 함께 있기를 소원합니다. 오늘, 하루의 삶에서 하나님은 자기 백성들을 안전하게 하시는 이심을 고백하는 은혜를 내려 주시옵소서.
예수님의 이름으로 기도드립니다. 아멘.

31일 ∨ 모든 일에 복을 주시리니

기도 전에 묵상할 말씀 - 신 28:12

거룩하신 하나님,

저희 가족을 거룩한 자녀로 삼아주시고, 영적으로, 육적으로 강건하게 하심을 찬양합니다. 이 시간에, 여호와의 은혜를 힘입기 원하여 머리를 숙였습니다. 소망 중에, 기쁨을 보게 하시옵소서. 오늘도 먼저 죄악을 회개합니다. 가족을 축복할 권세를 주셨음에도 기도에 게을러서 가족을 위하여 빌지 못한 죄를 고백합니다. 용서해주시 옵소서.

〔-이어서, 가족과의 관계에서 하나님만 아시는 숨겨져 있는 나의 죄를 회개한다.〕

저희 가정의 식구들이 하나님의 말씀에 준행함으로써 하나님의 백성이 되게 하시옵소서. 오늘, 한 날의 생활에서, 하나님의 말씀을 지키며 따라야 할 것을 먼저 마음으로 챙기는 저희들이 되기를 빕니다. 저희들에게 바라시는 거룩한 의무에 대하여 즐거운 마음으로 순종하게 하시옵소서.

아울러, 이 시간에 바라오니, 저희 가정을 위하여 예비해 놓으신 복을 주시옵소서. 복의 문을 여시고, 약속하신 그대로 넘치도록 하시옵소서. 저희들에게 소용되는 것들을 넘치게 부어 주시옵소서. 자기 백성을 사랑하시는 하나님의 인자로 풍성하게 해 주실 것을 믿습니다.

하나님께의 믿음과 이 땅에서 살아가는데 필요한 지혜를 내려 주시옵소서. 하나님의 사람으로 살기에 조금도 부족함이 없도록 물질과 재능을 주시옵소서.

예수님의 이름으로 기도드립니다. 아멘.

32일 ∨ 크게 번성하여 하늘의 별과 같고
기도 전에 묵상할 말씀 - 창 22:17

전지전능하신 하나님,
저희 가족의 삶이 물질적으로는 풍요롭지 못하나, 하늘에 소망을 둔 은혜는 늘 풍성하였음에 감사드립니다. 하나님께서 복을 주셨음에 신령한 복에 감사하는 저희들이 되게 하시옵소서. 이 시간에, 먼저 죄악을 회개합니다. 가족을 축복할 권세를 주셨음에도 기도에 민감하지 못하였습니다. 축복의 사명을 감당 못한 죄를 용서해주시옵소서.
〔-이어서, 가족과의 관계에서 하나님만 아시는 숨겨져 있는 나의 죄를 회개한다.〕
저희 가정을 복스럽게 하시려고, 먼저 저희들을 복의 사람으로 삼아주셨음을 묵상합니다. 하늘의 은총으로 식구들 모두가 강건하게 된 것을 즐거워합니다. 저희 가족이 하나님 앞에서 영적으로나 육적으로 강건하게 지내도록 해 주시기를 빕니다.
사랑하는 가족에게 하늘의 은혜와 땅에서 누릴 수 있는 은총을 경험하게 하시옵소서. 저희 가정을 위하여 예비해 주신 번성함의 은혜가 넘치게 하시옵소서. 생업으로 주신 일터와 가정에서 재물과 소유의 번성을 보기 원합니다. 애들은 공부하는 것에서 별과 같게 하시옵소서.
이제까지와 같이, 하나님은 언제나 저희들에게 좋으신 아버지가 되어 주시옵소서. 아침이면, 하나님의 도우심을 소망하고, 밤에는 베풀어주신 은총을 헤아려 감사하는 저희들이 되게 하시옵소서.
예수님의 이름으로 기도드립니다. 아멘.

33일 ∨ 경외하는 자에게 주시는 기업
기도 전에 묵상할 말씀 - 시 61:5

구원의 하나님,
이 시간에, 여호와의 은혜를 구하는 만큼 오늘의 삶을 지켜주심을 찬양합니다. 오늘, 사랑하는 식구들의 심령을 주님의 피에 적시게 하시옵소서. 그 피의 은혜로 세상을 이기는 증거가 되게 하시옵소서. 성령님께 죄악을 내어놓습니다. 회개의 영으로 인도해주시옵소서. 가족을 섬겨야 할 의무를 주셨음에도 그들의 이름을 부르지 못한 죄를 용서해주시옵소서.
〔-이어서, 가족과의 관계에서 하나님만 아시는 숨겨져 있는 나의 죄를 회개한다.〕
하나님의 사랑을 깨달은 날로부터 이제까지 여호와의 은총을 받아왔음에 감사드립니다. 하나님을 왕으로 모신 날부터 저희 가정에 하늘의 복을 내려 주시고, 식구들의 마음은 즐거움으로 둘러주셨습니다. 하나님을 섬기면 섬길수록 그 은혜로 평안케 하셨음에 감사합니다.
사실, 저희들의 존재가 무엇이기에 이리도 큰 은혜를 누리고 있습니까? 저희들이 하나님께 대하여 무엇이기에 이리도 큰 자비를 베푸십니까? 하나님께서 아버지가 되어주시고, 저희들에게는 은혜와 진리가 충만하게 하셨음에 찬송하게 하시옵소서.
오늘도, 여호와의 은혜로 부요함을 누리는 한 날이 되게 하시옵소서. 어른들에게는 물질적으로 궁핍함이 없게 하시며, 애들에게는 공부하는데 지혜로 부족함이 없게 해 주시옵소서. 하나님의 채워주심으로 감사를 드리며, 감사의 찬양을 바치게 하시옵소서.
예수님의 이름으로 기도드립니다. 아멘.

34일 ∨ 재물 얻을 능력을

기도 전에 묵상할 말씀 - 신 8:18

사랑이 많으신 하나님,
주 하나님의 은혜를 묵상할 때마다 감사드립니다. 저희 가정을 이 땅에 있는 많은 가정들에서 하나님의 자녀의 가정으로 삼아주셨음을 기뻐합니다. 부모와 자녀의 애정이 넘치게 하시고, 형제들의 우애가 풍성하게 하셔서 든든하게 하시옵소서. 이 시간에, 먼저 죄악을 회개합니다. 여호와 앞에서 가족을 주목하지 못하고 지낸 시간들을 고백합니다. 용서해주시옵소서.
〔-이어서, 가족과의 관계에서 하나님만 아시는 숨겨져 있는 나의 죄를 회개한다.〕
오늘, 저희 가정이 하나님 앞에서 충성스러운 청지기의 사명을 감당하게 하시옵소서. 저희들에게 주신 모든 것으로 하나님의 영광을 구하게 하시옵소서. 생업의 터전과 만나는 사람들에게 하나님의 하나님이 되심을 증거하게 하시옵소서.
이제까지도, 하나님께서 주신 재물로 저희들의 삶이 부요했음에 감사드립니다. 여호와의 은혜로 궁핍하지도 않게 하셨음을 기억합니다. 그 은혜로 저희들의 손에 거두어들이는 것이 풍성해지게 하시옵소서. 모든 것들이 하늘로부터 임함에 찬양하는 저희들이 되게 하시옵소서. 애들은 공부를 하는 교실과 함께 지내는 친구들 앞에서 하나님의 백성으로 서 있게 하시옵소서. 하나님의 강건케 하심에 감사하며 살게 하시옵소서.
예수님의 이름으로 기도드립니다. 아멘.

35일 ∨ 믿음과 오래 참음으로 말미암아
기도 전에 묵상할 말씀 - 히 6:2

인애하신 하나님,
저희 가정에 여호와의 은혜가 아침의 햇빛처럼 비추어지기 원합니다. 어두운 것을 밝히고, 추위를 녹이는 햇살과 같은 역사가 나타나 여호와 앞에서 기쁘고 복 된 하루이기를 소망합니다. 먼저 죄악을 회개합니다. 가족을 위하여 믿음으로 구하고, 하나님의 은총이 임하도록 간구하지 못하였음을 고백합니다. 용서해주시옵소서.
〔-이어서, 가족과의 관계에서 하나님만 아시는 숨겨져 있는 나의 죄를 회개한다.〕
저희들에게 하나님의 영이 충만하게 하시옵소서. 저희 부부와 자녀들이 세상의 일에 파묻혀 분주히 지내던 중에, 혹시 죄를 지었을지 모름에 대하여 예민하게 하시옵소서. 몸의 행실을 버리지 못하고, 아직도 믿음의 초보에 있음을 용서해 주시옵소서.
믿음의 초보를 버리고, 더욱 영적으로 강한 신자가 되도록 은혜를 주시옵소서. 죄악이라 여겨지는 행실에 대하여 미련이 없이 버리게 하시며, 하나님께 의를 이루어드리는 일에 부지런하게 하시옵소서. 하나님을 찾고, 찬양과 경배를 드리는 것에 가난하게 해 주시기를 빕니다.
하나님 아버지의 이름을 사랑하게 하시옵소서. 하나님 앞에서 세워져야 하는 것에 게으르지 않게 하시옵소서. 하나님을 영화롭게 해드리는 삶에 열정을 더하게 하시옵소서. 하나님의 말씀을 약속으로 받았음에, 그 언약에 순종하는 저희들이 되게 하시옵소서.
예수님의 이름으로 기도드립니다. 아멘.

36일 ∨ 능히 누리게 하시며

기도 전에 묵상할 말씀 - 전 5:19

능력이 되시는 하나님,
온갖 죄악의 유혹이 들끓는 세상에서 저희 가정을 거룩하게 해주셨음에 감사드립니다. 부모는 부모대로, 자녀들은 자녀들대로의 삶의 환경에서 죄를 거절하는 용기를 갖게 하시고, 진리로 이기게 하셨음에 감사드립니다. 오늘, 먼저 죄악을 회개합니다. 가족을 사랑함에 게을렀고, 저희 식구들이 여호와께 제단이 되는 것에 소홀했음을 고백합니다. 용서해주시옵소서.
〔-이어서, 가족과의 관계에서 하나님만 아시는 숨겨져 있는 나의 죄를 회개한다.〕
하늘에 속한 기업을 주셨듯이, 이 땅에서 살아갈 수 있는 분깃을 주셨음에 감사드립니다. 어떤 것들은 저희들의 부족으로 아직 얻지 못하였을 뿐, 저희들을 부요케 하는 몫이 있음에 감사드립니다. 재물과 부요를 어떤 사람에게든지 주시는 은혜로 저희들의 삶을 윤택하게 해주시옵소서.
저희들에게 누림의 은혜가 풍성할 줄로 믿습니다. 하나님의 번성케 하심이, 어른들이나 애들에게 똑 같이 임하여 모두가 기쁨의 단을 거두는 한 날이 되게 하시옵소서. 저희 가족에게 생업으로 주신 일터에서 재물을 얻는 능력이 더하게 하시옵소서. 이로써 하나님께 영광이 되고, 저희들에게 즐거움이 넘치게 하시옵소서.
하나님 앞에서는 매일, 매일이 번성의 날이 되게 하시옵소서. 여호와의 번영을 보면서, 저희들의 믿음도 풍성함에 이르게 하시옵소서.
예수님의 이름으로 기도드립니다. 아멘.

37일 ∨ 모든 쓸 것을 채우시리라

기도 전에 묵상할 말씀 - 빌 4:19

만왕의 왕이신 하나님,
여호와의 자비하심과 은혜로우심으로 조금의 모자람이 없이 지내온 것을 찬양합니다. 저희 가정의 식구들이 한 가지의 부족함도 없이, 주님께서 가신 길을 따르되, 충성을 다하는 지체들이 되게 하시옵소서. 먼저, 죄악을 회개합니다. 저희 가정을 하나님께 드리는 것에 주목하지 못하고, 자녀들의 신앙을 살피지 못했음을 용서해주시옵소서.
〔-이어서, 가족과의 관계에서 하나님만 아시는 숨겨져 있는 나의 죄를 회개한다.〕
오늘, 저희 부모님의 삶에 여호와의 공급하심의 은혜가 있기를 축복합니다. 그분들이 주님의 이름으로 이 세상에서 사는 동안에 하나님의 부요를 누리시게 하시옵소서. 하나님의 풍성함으로 말미암아 감사하는 분들이 되게 하시옵소서. 은도 내 것이요, 금도 내 것이라 하신 하나님의 소유를 부모님께서 즐기시기를 빕니다.
하나님께서 주신 것을 가지고 하늘의 영광을 구하는 은혜를 주시옵소서. 부모님의 인생이 복되다 하는 것을 하나님의 풍성케 하심으로 나타내게 하시옵소서. 그리고 그 부요를 이웃에게 나누어 주고, 거저 주고, 베푸심으로써 그리스도를 전하게 하시옵 소서.
저희 부모님의 삶이 하나님으로부터 말미암기를 소망합니다. 모든 쓸 것을 채우시는 하나님을 때마다 누리시도록 인도해 주시옵소서. 그 공급의 은혜로 저희들도 하나님을 더욱 사랑하게 하시옵소서.
예수님의 이름으로 기도드립니다. 아멘.

38일 ∨ 건지시고, 인도하시는 하나님

기도 전에 묵상할 말씀 - 시 107:6-7

자비로우신 하나님,
저희 가족을 지켜주신 하나님의 이름에 감사로 영광을 드립니다. 저희에게는 생업의 터전에서 믿음으로 승리하게 하시고, 애들은 공부하는 학업의 자리에서 자기들을 지키게 하셨음에 더욱 감사드립니다. 이 시간에, 먼저 죄악을 회개합니다. 저희 부부와 자녀들을 여호와 앞에서 구별된 사람으로 세우는 것에 예민하지 못하였음을 용서해주시옵소서.
〔-이어서, 가족과의 관계에서 하나님만 아시는 숨겨져 있는 나의 죄를 회개한다.〕
예수님께서 저의 가정의 주인이 되셨던 그날부터 기도로 살아오게 하셨음에 감격합니다. 사랑하는 아내(남편)를 만나 가정을 이루게 하신 하나님의 은혜로 말미암아 가정이 기도하는 무릎을 통해서 세워지고, 자녀들 역시 기도의 응답을 받게 하시옵소서.
저희 가정에서 최고의 은혜는 하나님의 도우심임을 잊지 말게 해주시기를 빕니다. 이 세상에서 사는 순간이, 믿음으로 사는 것을 훼방하고, 사탄의 대적이 아무리 강할지라도 여호와의 은혜가 넉넉히 이기게 하심을 믿습니다.
세상을 살아가면서 근심보다도 하나님의 도우심을 바라보게 하시옵소서. 느닷없이 닥쳐오는 어려움에서도, 어려움보다 하나님의 도우심을 기대하게 하시옵소서. 풍랑을 잔잔케 하시는 주님의 손을 보게 하시옵소서.
예수님의 이름으로 기도드립니다. 아멘.

39일 ∨ 은혜를 베풀며 꾸어 주는 자

기도 전에 묵상할 말씀 - 시 112:5

하늘에 계신 하나님,

생각해보건대, 아침과 저녁으로 여호와의 은혜가 풍성했음을 인하여 찬양합니다. 하나님의 사랑이 저희를 강권하셔서 언제나 그 은총이 더하였음을 고백합니다. 오늘도 간구하기 전에, 먼저 믿음으로 살아가기에 부족했던 죄악을 회개합니다. 하나님의 사랑에 응답하여 온 가족이 여호와께 향기로운 제물이 되지 못한 것을 용서해주시옵소서.

(-이어서, 가족과의 관계에서 하나님만 아시는 숨겨져 있는 나의 죄를 회개한다.)

하나님의 은혜로 저희들이 누리는 것들이 실로 많음을 고백합니다. 저희 식구들이 하나님의 부요하게 하심에 즐거워합니다. 이러한 은혜가 저희들에게 청지기로 살게 해 주시기를 빕니다. 부요하게 하시며, 즐겁게 하신 하나님의 은혜를 맡은 자로서 살게 하시옵소서. 이제, 바라기는 저희들이 누리는 것을 떼어 이웃과 나누게 하시옵소서. 저희들이 누리는 복이 특권이 아니라, 이웃과 공유해야 하는 것임을 알게 하시옵소서. 저희들에게 이웃을 보는 눈을 열어 주시옵소서. 여호와의 손길이 되어 이웃에게 베풀고, 나누는 은혜도 즐기게 하시옵소서.

생각해보건대, 받은 것들이 너무나 많이 있음을 고백합니다. 저희들이 거저 받은 것들을 늘 헤아리면서, 이웃을 위하여 따로 떼어놓는 은혜를 주시옵소서. 받은 대로 남에게 베풀게 하시옵소서. 예수님의 이름으로 기도드립니다. 아멘.

40일 ∨ 여호와를 찾을 동안에는

기도 전에 묵상할 말씀 - 대하 26:5

생명을 주관하시는 하나님,
하늘의 문을 여시고, 때마다 일마다 손을 펴 주신 여호와의 은혜에 감사드립니다. 저희들이 구하기 전에 있어야 할 것들을 미리 챙겨주신 은혜를 영원히 잊지 않게 하시옵소서. 하나님께 부족했던 행실의 죄악을 회개합니다. 하나님의 사랑에 응답하여 온 가족이 여호와께 향기로운 제물이 되지 못한 것을 용서해주시옵소서.
〔-이어서, 가족과의 관계에서 하나님만 아시는 숨겨져 있는 나의 죄를 회개한다.〕
오늘, 저희 가족의 신앙과 복을 위해서 만나게 하신 이들이 있어 감사드립니다. 목회자의 지도를 받으며, 하나님께 온전해지기를 소망하게 하시고, 함께 성도된 이들과 교제하면서 믿음에서 믿음으로의 삶을 사모하게 하시니 감사드립니다.
저희 가족을 위해서 주위에 하나님의 사람으로 둘러주신 은혜를 묵상합니다. 이들의 가르침과 아름다움을 본받아서 주님의 온전하심에 다다르게 하시옵소서. 애들은 교회의 교육을 통하여 천국의 일꾼으로 자라게 하시옵소서. 그들에게 성경의 사람들과 같은 열심을 주시옵소서.
저희 가족이 하나님 앞에서 오직 여호와를 찾고, 하나님의 말씀으로 진리의 깊은 바다로 나아가게 하시옵소서. 사람을 통해서 저희들을 세워 가시는 여호와의 손길도 보게 하시옵소서. 여호와를 찾는데, 마음을 다하는 가족이 되게 하시옵소서.
예수님의 이름으로 기도드립니다. 아멘.

3. 축복을 받으셔야 할 부모

41. 모든 신령한 복을 우리에게
42. 오직 내 말을 듣는 자는
43. 내가 영원히 주께 감사하고
44. 그의 손으로 하는 바를 복되게
45. 너희 하나님 여호와로 말미암아
46. 말씀이 하나도 남음이 없이
47. 주의 큰 복을 즐겼사오나
48. 그의 사랑하시는 자에게는
49. 조금도 부족함이 없게 하려
50. 네가 복되고 형통하리로다
51. 너희를 견고하게 하려 함이니
52. 일체의 비결을 배웠노라
53. 넘치게 하게 하려 하심이라
54. 그를 경외하는 자에게는
55. 작은 산들이 기쁨으로 띠를
56. 이스라엘에게 평강과 긍휼이
57. 그들을 긍휼히 여기는 이가
58. 아름다운 물건이 가득한 집을
59. 너를 후대하심이로다
60. 너는 행복한 사람이로다

41일 ∨ 모든 신령한 복을 우리에게

기도 전에 묵상할 말씀 - 엡 1:3

은혜로우신 하나님,

저희 가정에 구원이 복음이 들려지게 하시고, 죄에서 구원을 받게 해 주셨음에 감사드립니다. 오늘도 주님의 이름으로 세상을 이기는 하루가 되게 하심을 기대할 때, 감사의 찬양을 드립니다. 이 시간에, 먼저 죄악을 회개합니다. 가족을 축복할 권세를 주셨음에도 기도에 게을러서 가족을 위하여 빌지 못한 죄를 고백합니다. 용서해주시옵소서.

〔-이어서, 가족과의 관계에서 하나님만 아시는 숨겨져 있는 나의 죄를 회개한다.〕

사랑하는 부모님이 하나님 앞에서 복이 되심에 감사드립니다. 부모님의 복은 주님 안에서 베풀어진 구원의 은혜인 것을 믿습니다. 땅에 속한 것이 아니고, 하늘에 속한 것이며, 육신적, 물질적 복이 아니고 예수님을 구주로 믿는 믿음으로 인한 영적인 복임에 감사드립니다.

먼저 하늘의 신령한 복을 누리셨으니, 땅에서 누려야 되는 복도 주심을 믿습니다. 하루, 하루의 생활에 건강하게 하시고, 날마다의 삶에 필요한 재물도 넉넉함을 누리시게 하시옵소서. 생각과 마음으로 원하는 것을 서원하여 즐거움도 보게 하시옵소서.

저희 부모님께서 하늘의 은혜를 누리시는 만큼 , 주님께 찬송을 드리게 해 주시기를 빕니다. 저희 가정을 부모님의 찬송 소리로 아름답게 하시옵소서. 그 찬양으로 저희들도 찬송을 배우게 하시며, 주님의 구원을 즐거워하게 하시옵소서. 예수님의 이름으로 기도드립니다. 아멘.

42일 ∨ 오직 내 말을 듣는 자는

기도 전에 묵상할 말씀 - 잠 1:33

아침 해의 찬란한 빛과 함께 주님의 십자가의 빛을 느끼게 하심을 찬양합니다. 오늘도 간구할 것이 많이 있지만 먼저 죄악을 회개합니다. 가족을 축복할 권세를 주셨음에도 기도에 민감하지 못하였습니다. 축복의 사명을 감당 못한 죄를 용서해주시옵소서.
[-이어서, 가족과의 관계에서 하나님만 아시는 숨겨져 있는 나의 죄를 회개한다.]
저희 가족의 한 날이 여호와께 복되시기를 간구합니다. 언제나 그렇게 살았던 대로, 오늘도 하나님의 말씀을 가까이 하는 은혜를 내려주시옵소서. 성령님의 충만하신 감동으로 하나님의 말씀을 준행하게 하시옵소서. 그 순종을 통해서 약속된 복의 응답을 받게 하시옵소서.
바라기는 어머니와 아버지의 인생이 평안하시기를 빕니다. 두 분이 하나님을 사랑하여, 하늘로부터 임하는 평안을 누리게 하시옵소서. 자기 백성에게 안연히 살도록 하시는 은혜를 즐거워하게 하시옵소서. 그 평안의 복으로 혹시 재앙이 닥칠지라도 염려하지 않게 하시옵소서.
저희 부모님에게 하나님의 말씀을 청종하는 좋은 습관을 주셨음에 감사드립니다. 두 분의 삶이 비록 고달플지라도, 하나님의 말씀을 생명처럼 여기게 하셨음에 감사드립니다. 그 신앙으로 복에 복이 더하게 하시고, 자녀들이 따르게 해 주시옵소서.
예수님의 이름으로 기도드립니다. 아멘.

43일 ∨ 내가 영원히 주께 감사하고

기도 전에 묵상할 말씀 - 시 52:9

인애하신 하나님,
하나님의 작정하심의 은혜로 저희 가족을 지켜주시고, 저희 가정을 통해서 주님의 나라를 세워 가셨음에 감사드립니다. 식구들이 각자의 자리에서 하나님의 뜻을 이루어드리려는 열정을 갖게 하시옵소서.
먼저 죄악을 회개합니다. 가족을 섬겨야 할 의무를 주셨음에도 그들의 이름을 부르지 못한 죄를 저질렀습니다. 용서해주시옵소서.
〔-이어서, 가족과의 관계에서 하나님만 아시는 숨겨져 있는 나의 죄를 회개한다.〕
오늘, 주님의 이름으로 부모님을 축복합니다. 두 분의 기도와 사랑으로 가정을 꾸려가게 하셨음에 감사드립니다. 그분들의 헌신에 저희들이 자라고 있음을 즐거워합니다. 부모님이 더욱 하나님 앞에서 복이 되셔서, 행복한 인생을 보내도록 해 주시옵소서.
이 한 날에도, 부모님을 위하여 예비되어 있는 복을 내려 주시옵소서. 이 땅에서 거두어드릴 것들이 많게 하시옵소서. 하나님의 풍성하게 하심과 부요하게 하심이 두 분의 손길에 넘쳐서 여호와를 찬양하는 부모님이 되시기를 빕니다.
저희 가족에게는 여호와께서 이루어주신 것들이 너무나 많이 있습니다. 모두가 감사할 것뿐입니다. 이제, 하나님께서 주신 것들로 말미암아 찬송하는 부모님을 보게 해 주시옵소서. 영원히 주께 감사하는 그분들의 삶을 보게 해 주시옵소서.
예수님의 이름으로 기도드립니다. 아멘.

44일 ∨ 그의 손으로 하는 바를 복되게

기도 전에 묵상할 말씀 - 욥 1:10

생명을 주관하시는 하나님,
지금까지 살아오는 것이 우리 주님의 넓으신 은혜임을 깨달을 때, 찬양합니다. 언제, 어디에서, 어떤 모습으로든지 받아주시고, 나무라지 않으시는 여호와의 자비하심에 눈물을 흘리게 하시옵소서. 성령님께서 인도해주시는 대로 죄악을 회개합니다. 여호와 앞에서 가족을 주목하지 못하고 지낸 시간들을 고백합니다. 용서해주시옵소서.

〔-이어서, 가족과의 관계에서 하나님만 아시는 숨겨져 있는 나의 죄를 회개한다.〕

사랑하는 부모님께 영생의 복을 주셨음에 감사드립니다. 두 분이 예수님을 주님으로 모신 후에, 삶이 바뀌도록 은혜를 내려 주셨음에 감사드립니다. 먼저 그리스도를 믿은 저희들에게 부모의 영혼을 위하여 기도하게 하시고, 생명을 얻게 하신 하나님을 즐거워합니다. 그 은혜가 영생의 복뿐 아니라, 이 땅에서 살아가는데 필요한 것들에도 내려지게 하시옵소서.

여전히 삶은 고단하시지만, 때를 따라 위로하시며, 능력을 주시는 성령님의 역사를 기대합니다. 성령님의 은혜로 어려운 삶을 너끈히 이기게 하시옵소서. 두 분의 삶을 복되게 하시옵소서.

저희 부모님의 생애가 여호와 앞에서 복되시기를 빕니다. 하나님의 도우심이 부모님의 삶과 행한 모든 일에 울타리가 되어 주시옵소서. 그리하여 부모님의 소유가 땅에 넘치는 은혜를 보게 내려 주시옵소서.

예수님의 이름으로 기도드립니다. 아멘.

45일 ∨ 너희 하나님 여호와로 말미암아

기도 전에 묵상할 말씀 - 욜 2:23

하늘 영광의 하나님,

오늘도, 저희 가정에 속한 모든 지체들에게 하나님의 다스리심이 있음을 즐거워합니다. 이 날에 저희들의 사람이 하나님께 영광이 되고, 저희에게는 평안이 넘치게 하시옵소서. 간구하기 전에, 회개의 영으로 충만하게 하시옵소서. 그리하여 먼저 죄악을 회개합니다. 가족을 위하여 믿음으로 구하고, 하나님의 은총이 임하도록 간구하지 못하였음을 고백합니다. 용서해주시옵소서.

〔-이어서, 가족과의 관계에서 하나님만 아시는 숨겨져 있는 나의 죄를 회개한다.〕

오늘, 저희 부모님께서 하나님의 은혜로 신령한 하루의 날이 되시기를 축복합니다. 두 분의 손길에서, 여호와의 도우심과 하나님의 사랑을 입은 자의 형통을 보게 하시옵소서. 여호와께 복을 받은 자들로서 세상에 나타나게 해 주시옵소서.

종일을 지내는 중에, 여호와의 이름이 저희 가정에서 높임을 받으시고, 집안 곳곳에서 하나님의 은혜를 즐거워하는 모습이 발견되게 하시옵소서. 두 분이 손을 대어하시는 일들마다 열매가 풍성히 나타나고, 자녀들에게도 영광이 되기를 빕니다.

어머니와 아버지께서 받으시는 하늘의 복을 저희들도 부러워하게 하시옵소서. 어려서부터 부모님께로부터 물려받은 믿음을 귀하게 여기고, 하나님을 경외하는데 열심을 다하게 하시옵소서.

예수님의 이름으로 기도드립니다. 아멘.

46일 ∨ 말씀이 하나도 남음이 없이

기도 전에 묵상할 말씀 - 수 21:45

인생을 다스리시는 하나님,
주님께서 흘려주신 보혈로 정결케 되기를 원하는 마음을 주셨음을 찬양합니다. 그 은혜에 무거운 죄의 짐을 내려놓고 살게 하시는 여호와의 자비를 늘 새롭게 여기도록 이끌어 주시옵소서. 이 시간에, 먼저 죄악을 회개합니다. 가족을 사랑함에 게을렀고, 저희 식구들이 여호와께 제단이 되는 것에 소홀했음을 고백합니다. 용서해주시옵소서.
〔-이어서, 가족과의 관계에서 하나님만 아시는 숨겨져 있는 나의 죄를 회개한다.〕
저희 부모님을 복되게 하셨음에 감사드립니다. 아버지와 어머니의 하나님을 경외하는 믿음이 저희 가정의 반석이 되고, 모든 식구들이 하나님의 은혜 안에서 지냄을 즐거워합니다. 부모님의 신앙과 사랑이 가족의 가슴을 적시고, 여호와를 향해서 가슴을 열게 해 주시기를 빕니다.
오늘, 부모님을 주님의 이름으로 축복하며, 하나님의 말씀이 응하는 삶의 날이 되기를 간구합니다. 두 분의 기도 속에서 하나님의 말씀이 이루어지고, 믿음으로 소망하는 것들이 응답되는 복을 누리게 하시옵소서. 부모님의 삶이 곧 하나님의 말씀이 이 땅에서 이루어지는 것이 되게 하시옵소서.
성경을 가까이 하는 중에, 하나님의 약속을 기다리는 부모님을 바라봅니다. 아침이면 아침대로, 밤이 되면 밤의 시간에 성경을 읽으시고, 여호와의 뜻을 붙좇는 두 분에게 하나님은 영광이 되시옵소서.
예수님의 이름으로 기도드립니다. 아멘.

47일 ∨ 주의 큰 복을 즐겼사오나

기도 전에 묵상할 말씀 - 느 9:25

사랑이 많으신 하나님,
하나님의 사랑으로 반석에서 샘물이 나는 은혜를 보게 하셨음에 감사드립니다. 하나님 앞에서 가정에 대하여 사명이 있음에 그 사명에 게을렀음을 회개합니다. 저희 가정을 하나님께 드리는 것에 주목하지 못하고, 자녀들의 신앙을 살피지 못했음을 용서해주시옵소서.
〔-이어서, 가족과의 관계에서 하나님만 아시는 숨겨져 있는 나의 죄를 회개한다.〕
오늘, 저희 부모님의 생애가 여호와 앞에서 복이 되기를 축복합니다. 어머니의 기도와 아버지의 헌신에 여호와의 손길이 임하여 하나님의 역사를 드러내는 주인공들이 되게 하시옵소서. 성경의 역사를 살아갔던 숱한 선조들과 같이, 저희 부모님께서도 하나님의 일을 감당하게 하시옵소서.
아버지의 일터와 어머니의 가정을 돌보는 자리에 여호와의 함께 하심을 즐기게 하시옵소서. 우리 가족을 위한 아버지의 일터가 복되게 하시고, 주방에서 일하시는 어머니를 하늘의 복으로 둘러 주시옵소서.
부모님께서 하나님의 복을 즐거워하시는 동안에, 저희 가정이 여호와께 봉헌되기를 빕니다. 주님의 큰 복을 즐겼으니, 하나님의 영광을 위하여 몸과 마음을 드리는 은혜를 경험하게 하시옵소서. 저희 가정에 부모는 온유하고 겸손하게 지내게 하시며, 애들은 올바르고 굳세게 살아가도록 인도해 주시옵소서.

예수님의 이름으로 기도드립니다. 아멘.

48일 ∨ 그의 사랑하시는 자에게는

기도 전에 묵상할 말씀 - 시 127:2

천지를 다스리시는 하나님,
하늘에 계시면서 가장 연약한 존재에 불과한 제게 은총을 더하시고, 언제나 기쁨을 주시는 은혜를 찬양합니다. 그 사랑에 감격하여 즐거운 찬송을 부르는 생애의 삶이 오늘도 이어지게 하시옵소서. 먼저 죄악을 회개하도록 하시니 감사드립니다. 저희 부부와 자녀들을 여호와 앞에서 구별된 사람으로 세우는 것에 예민하지 못하였음을 용서해주시옵소서.

〔-이어서, 가족과의 관계에서 하나님만 아시는 숨겨져 있는 나의 죄를 회개한다.〕

오늘, 하나님의 은혜로 저희 가정이 복스럽게 해 주시기를 빕니다. 사랑하는 부모님께 여호와의 강건케 하시는 은혜를 내려 주시옵소서. 오늘도, 부모님께서는 자기 자신보다는 우리 가정과 자식들을 위해서 수고하시는데, 하늘의 복으로 둘러지게 하시옵소서.

저희 부모님이 하나님 앞에서 복이 되시고, 사람들 앞에서는 훌륭하다는 존경의 대상이 되게 하시옵소서. 늘 간구하는 무릎에 힘을 더하시고, 저희 가정과 자녀들을 위해서 두 손을 들 때, 그 팔이 아프지 않게 하시옵소서.

주님의 이름으로 부모님을 축복합니다. 아버지는 아버지대로, 어머니는 어머니대로 여호와 앞에서 즐겁게 지내시도록 복을 더하여 주시옵소서. 평생 땀을 흘리며, 수고의 삶을 살아오셨으니 평안을 누리게 하시옵소서. 하나님의 품이 주는 쉼을 누리게 하시옵소서.

예수님의 이름으로 기도드립니다. 아멘.

49일 ∨ 조금도 부족함이 없게 하려
기도 전에 묵상할 말씀 - 약 1:4

인애하신 하나님,
여호와의 크신 은혜를 이 땅에 있는 말로 표현할 수 없음에 감사드립니다. 그 은혜를 생각한다 하여도 다 알지 못하니 더욱 감사드리며, 저희 가족의 삶을 여호와의 품에 맡겨드립니다. 오늘도 감사하면서 죄악을 회개합니다. 하나님의 사랑에 응답하여 온 가족이 여호와께 향기로운 제물이 되지 못한 것을 용서해주시옵소서.
〔-이어서, 가족과의 관계에서 하나님만 아시는 숨겨져 있는 나의 죄를 회개한다.〕
지금까지 부모님이 복된 인생의 삶을 사셨음에 감사드립니다. 부모님께서 믿음으로 살아가실 때, 어려움을 당하시면 오히려 소망을 갖게 하시옵소서. 자기 백성을 단련하시는 하나님께 소망을 두고, 오히려 너끈히 이기겠다는 담대함을 지니게 하시옵소서. 그 담대함이 자라는 저희들에게 도전이 되게 하시옵소서.
아버지와 어머니께 성령님의 감화와 감동으로 시련을 이기도록 인도해 주시옵소서. 집에서나 일터에서 느닷없이 어려움을 만나시더라도, 우리 주님의 이기도록 하시는 은혜를 바라보게 해 주시옵소서. 부모님께서 시련을 잘 통과하여 하나님의 영광을 보게 하시옵소서.
저희 부모님을 여호와 보시기에 조금의 부족함이 없게 하시려고 시련을 주시는 줄로 믿습니다. 그 시련을 견디어서 승리하게 하시고, 그 은혜를 저희 자녀들도 사모하게 하시옵소서.
예수님의 이름으로 기도드립니다. 아멘.

50일 ∨ 네가 복되고 형통하리로다

기도 전에 묵상할 말씀 - 시 128:1-2

자비로우신 하나님,
성령님으로 충만케 하시며, 성령님의 깨닫게 하시는 은혜를 찬양합니다. 땅의 것만을 바라보고, 쫓던 인생에게 하나님의 품을 사모하며 살게 하시니 더욱 주님의 영광을 구하게 하시옵소서. 저의 죄를 보게 하시고, 회개하게 하시니 감사드립니다. 하나님의 사랑에 응답하여 온 가족이 여호와께 향기로운 제물이 되지 못한 것을 용서해주시옵소서.

〔-이어서, 가족과의 관계에서 하나님만 아시는 숨겨져 있는 나의 죄를 회개한다.〕

하나님의 은총으로 아버지와 어머니께서 강건하심에 감사드립니다. 두 분이 한 마음으로 기도하시면서 세운 이 가정이 하나님의 거룩한 처소가 되게 하셨으니 감사드립니다. 이에, 저희들은 자녀로서 마땅히 부모님의 하나님을 저희들의 하나님을 섬기고, 사랑해 드리게 하시옵소서.

육신적으로 대하는 부모님을 통해서 영원하신 아버지이신 하나님을 사랑하는 저희들이 되기를 빕니다. 이로 말미암아 부모님과 저희들이 여호와 앞에서 존귀한 위치를 잃지 않게 하시옵소서. 복 되어서 형통의 은혜를 누리는 저희 가족이 되게 하시옵소서.

종일을 지내면서 하나님의 이름을 찬송하게 하시옵소서. 저희 가정에서 하나님이 되심을 즐거워하여 찬양을 드리게 하시옵소서. 부모님의 생애가 복되게 해주시는 하나님의 이름을 송축하게 하시옵소서.

예수님의 이름으로 기도드립니다. 아멘.

51일 ∨ 너희를 견고하게 하려 함이니

기도 전에 묵상할 말씀 - 롬 1:11

경배를 받으실 하나님,

저희 가정을 성전으로 삼아주시고, 오늘까지 신령한 은혜로 인도해주셨음에 감사드립니다. 선한 목자로 말미암은 부족함을 모르게 하셨음을 즐거워합니다. 이 시간에, 회개의 영으로 인도해주셔서 죄악을 회개하기 원합니다. 가족을 축복할 권세를 주셨음에도 기도에 게을러서 가족을 위하여 빌지 못한 죄를 고백합니다. 용서해주시옵소서.

〔-이어서, 가족과의 관계에서 하나님만 아시는 숨겨져 있는 나의 죄를 회개한다.〕

오늘, 저희 부모님께 하나님의 은혜를 맛보는 신령한 하루가 되어, 견고함에 이르게 하시옵소서. 이제까지도 성령님의 인도와 보호하심으로 믿음에 견고하셨으나 더욱 견고하게 하시옵소서. 가정을 신앙으로 세워가는 부모님이 되게 하시옵소서.

부모님의 복된 삶이 저희 자녀들에게 도전하는 은혜가 되게 해주시옵소서. 부모님께서 가지신 신령한 은혜는 곧 자녀들에게 사모하는 것이 되기를 빕니다. 부모님의 하나님의 말씀에 대한 사랑을 흠모하게 하시옵소서. 그분들의 기도에 대한 인내를 흠모하게 하시옵소서.

부모님의 심령이 성령님의 충만하심으로 뜨거운 한 날이 되게 하시옵소서. 더욱 더 하늘에 속한 삶을 사시어, 자녀들에게 믿음의 길을 가도록 도전하게 하시옵소서. 그분들의 신앙으로 저희 가정은 단단한 반석 위에 세워지고, 저희들도 견고해지게 하시옵소서.

예수님의 이름으로 기도드립니다. 아멘.

52일 ∨ 일체의 비결을 배웠노라

기도 전에 묵상할 말씀 - 빌 4:12

우리를 품어 주시는 하나님,
사랑하는 저의 부모님께서 주님의 은혜와 소망을 주셨음에 감사드립니다. 그분들의 삶이 이제와 같이 앞으로도 하나님 앞에서 복이 되시며, 자손들에게 교훈이 되게 하시옵소서. 이 시간에, 먼저 죄악을 회개합니다. 가족을 축복할 권세를 주셨음에도 기도에 민감하지 못하였으니, 축복의 사명을 감당 못한 죄를 용서해주시옵소서.
〔-이어서, 가족과의 관계에서 하나님만 아시는 숨겨져 있는 나의 죄를 회개한다.〕
저희 부모님을 주님의 이름으로 축복합니다. 어려서부터 하나님의 은혜를 사모하는 부모님을 보게 하셨음에 감사드립니다. 오늘, 부모님의 한 날은 자족함으로 넘치는 즐거움의 삶이 되게 하시옵소서. 어떤 모습의 삶이 그분들 앞에 놓여 져도 성령님의 은혜로 자족을 누리게 하시옵소서.
부모님께서는 오늘도 영원한 미래의 세계를 바라보게 하시옵소서. 하나님께서 예비하시는 세계의 영광을 확신하고 소망하는 은혜를 누리게 하시옵소서. 잠사 지나가는 이 세상의 삶에서, 먹고 마시는 일에 탐내지 않으시는 부모를 보는 기쁨을 주시옵소서.
저희 부모님께 거룩한 성도의 삶을 살게 하셨음에 감사드립니다. 그분들이 빈부귀천의 삶에 만족하거나 불만족하지 않으시고, 오직 기도로 살아가게 하심이 저희들이 기쁨이 되었습니다. 그 은혜가 저희 가정에 늘 머무르게 하시옵소서.
예수님의 이름으로 기도드립니다. 아멘.

53일 ∨ 넘치게 하게 하려 하심이라

기도 전에 묵상할 말씀 - 고후 9:8

생명의 주이신 하나님,
저희 가족을 만에 하나, 천에 하나로 구별해 주시고,, 그 은혜 안에서 지내게 해 주셨음에 감사드립니다. 오늘, 하루 동안에도 힘을 다하여 하나님을 사랑하는 저희 식구들이 되게 하시옵소서. 죄악을 회개합니다. 가족을 섬겨야 할 의무를 주셨음에도 그들의 이름을 부르지 못한 죄를 저질렀습니다. 용서해주시옵소서.
〔-이어서, 가족과의 관계에서 하나님만 아시는 숨겨져 있는 나의 죄를 회개한다.〕
오늘, 저희 부모님께 하나님의 충만하심이 함께 하시기를 축복합니다. 하나님의 충만을 통해서 그분들의 삶이 부요로 넘치게 하시옵소서. 하늘나라에 대하여서나 이 땅에서의 삶에 대한 부요를 누리시기를 빕니다. 믿음과 하나님에 대한 지식, 세상에서의 재물에 대한 넘침이 있게 하시옵소서.
오늘에 임하는 하나님의 충만하심이 부모님께서 선한 일을 하시는 동기가 되게 하시옵소서. 궁핍한 자에게 베풀게 하시고, 주린 자에게 먹을 것을 주는 은혜를 주시옵소서.
여호와께서 넘치게 하심은 그 넘침이 이웃에게로 흘러간다는 것을 믿습니다. 부모님의 손에서 거저 받은 것을 거저 주는 은혜를 보게 하시옵소서. 하나님께서 주시고자 하는 이들에게 찾아가 아낌없이 베풀게 하시옵소서.
예수님의 이름으로 기도드립니다. 아멘.

54일 ∨ 그를 경외하는 자에게는

기도 전에 묵상할 말씀 - 시 34:9

영원하신 하나님,
여호와의 자비하심으로 천국의 백성이 되어, 복 된 삶을 살게 하시니 찬양합니다. 저와 저의 식구들에게 의지하고, 의지하며, 더욱 의지하는 여호와가 되어 주시옵소서. 회개를 원하시는 하나님께 죄악을 숨기지 말게 하시옵소서. 여호와 앞에서 가족을 주목하지 못하고 지낸 시간들을 고백합니다. 용서해주시옵소서.
〔-이어서, 가족과의 관계에서 하나님만 아시는 숨겨져 있는 나의 죄를 회개한다.〕
사랑하는 부모님을 주님의 이름으로 축복합니다. 주 여호와의 은혜가 오늘, 저희 부모님의 삶에 이슬비처럼 내려지게 하시옵소서. 그분들의 삶에서 하나님을 사랑하는 열정이 더하게 하시고, 그분들에게 임하셨던 성령님의 역사를 자녀들과 공유하도록 하시옵소서. 그리하여 부모님의 신앙을 아름답게 물려받는 자녀들이 되기 원합니다.
저희 가족이라는 울타리를 통하여 하나님을 사랑함이 유지되게 하시는 성령님의 계획에 영광을 드립니다. 저희 가정이라는 시간 속에서 하나님이 되시고, 그 영광을 간직하게 하시옵소서. 여호와의 선하심을 맛보아 아는 믿음의 자손이 되게 하시옵소서.
오늘, 하루의 삶에서 저희 가족이 누릴 수 있는 하늘의 은혜를 다 누리게 하시옵소서. 여호와를 경외함으로 말미암아 부모님의 삶에 부족함이 없게 하시고, 또한 저희들도 그렇게 여호와를 경외하게 하시옵소서.
예수님의 이름으로 기도드립니다. 아멘.

55일 ∨ 작은 산들이 기쁨으로 띠를

기도 전에 묵상할 말씀 - 시 65:11-12

거룩하신 삼위의 하나님,

저희 가정을 반석의 샘이 되게 하시고, 식구들이 믿음으로 살게 하시니 감사드립니다. 자녀들은 저희들 곁에 머무르는 동안에, 자기들 평생에 여호와만을 사랑하려는 결단을 하게 하시옵소서. 오늘도 먼저 죄악을 회개합니다. 가족을 위하여 믿음으로 구하고, 하나님의 은총이 임하도록 간구하지 못하였음을 고백합니다. 용서해주시옵소서.

〔-이어서, 가족과의 관계에서 하나님만 아시는 숨겨져 있는 나의 죄를 회개한다.〕

저희 부모님께 복을 주시어 그분들의 인생을 아름답게 해 주셨음을 기억합니다. 두 분의 삶이 여호와 앞에서 번성하는 은혜를 보게 하셨으니, 하나님의 손길이 아름다우셨음을 고백합니다. 하나님은 저희 가족의 편이 되어 주셨으니, 영광을 바칩니다.

이제, 좀 더 은총을 베푸셔서 하나님의 손길이 닿는 곳마다 여호와의 역사가 나타났음을 보게 해 주시옵소서. 하나님의 손은 언제나 부모님의 편이 되어 주시기 원합니다. 그분들의 가족을 위한 수고에도 여호와의 도우심과 일하심을 보게 하시옵소서.

오늘, 저희 부모님과 저희 가정에 베풀어 주신 은혜를 새롭게 할 때, 오직 여호와의 영광만을 구하게 하시옵소서. 저희들이 뭐가 또 부족하여 구하기보다는 주신 은혜에 감사하여 하나님의 영광을 구하게 하시옵소서.

예수님의 이름으로 기도드립니다. 아멘.

56일 ∨ 이스라엘에게 평강과 긍휼이

기도 전에 묵상할 말씀 - 갈 6:16

하나님 아버지,
우리 주님께 구원이 있고, 또한 영생에 이르는 길이 있음을 찬양합니다. 이제, 하늘의 시민이 된 은혜에 감격하여 날마다의 삶이 여호와께 산 제사가 되기 원합니다. 성령님께서 상한 마음을 품게 하시는대로 죄악을 회개합니다. 가족을 사랑함에 게을렀고, 저희 식구들이 여호와께 제단이 되는 것에 소홀했음을 고백합니다. 용서 해주시옵소서.

〔-이어서, 가족과의 관계에서 하나님만 아시는 숨겨져 있는 나의 죄를 회개한다.〕

사랑하는 부모님께 평강과 긍휼이 더해지는 오늘이기를 축복합니다. 아버지와 어머니의 삶이 여호와로 말미암은 평강의 시간이었음에 감사드립니다. 또한 하나님의 사랑이 깊은 긍휼로 복되게 지내셨음을 믿습니다. 그 은혜가 이전보다 더하게 해주시옵소서.

시간이 지날수록, 쇠약해져 가는 부모님께서 오히려 하나님의 은혜로 복을 누리시게 하시옵소서. 그분들의 육체는 연약해져 가지만 속사람은 날로 강건해지게 하시옵소서. 육체의 눈은 흐려져 가나, 영적인 눈은 오히려 더 밝아져 하나님의 뜻을 준행하는 삶을 살게 하시옵소서.

저희 부모님께 하나님의 규례와 법도에 순종하는 은혜를 주시옵소서. 성령님의 감동하시는 능력으로 말씀을 준행하고, 규례를 지킴으로써 응답하는 삶이 되게 하시옵소서. 거룩한 규칙을 따라 행함으로써 이스라엘의 자손이 되게 하시옵소서.

예수님의 이름으로 기도드립니다. 아멘.

57일 ∨ 그들을 긍휼히 여기는 이가

기도 전에 묵상할 말씀 - 사 49:10

복의 근원이 되시는 하나님,
산이 높은 만큼 저희 가족을 사랑해 주셨음에 감사드립니다. 바다가 넓은 만큼 이 집안에 속해 있는 이들에게 은혜를 베풀어 주셨음에 감사드립니다. 그 사랑과 은혜가 여호와께로 왔으니 늘 감사로 섬기게 하시옵소서. 하나님 앞에서 죄악을 회개합니다. 저희 가정을 하나님께 드리는 것에 주목하지 못하고, 자녀들의 신앙을 살피지 못했음을 용서해주시옵소서.
〔-이어서, 가족과의 관계에서 하나님만 아시는 숨겨져 있는 나의 죄를 회개한다.〕
하나님께 복을 받으신 부모님을 자랑스럽게 여깁니다. 오늘도 두 분의 삶에서, 하나님의 영광이 나타나고 그 기쁨이 넘치는 저희 가정이 되게 하시옵소서. 비록 가진 재물은 적지만, 소유의 넉넉함에 저희 가족의 행복이 있지 않음을 감사드립니다.
하나님을 섬기고, 가족이 서로 사랑하는 것으로 즐거워하게 하시옵소서. 오늘, 일용할 양식으로 배부름의 기쁨을 안겨 주시옵소서. 저희 집을 위하여 때를 따라 돕는 하나님의 은혜에 감사하게 하시옵소서.
여호와의 인자하심이 있어, 오늘의 감사가 평생의 감사로 이어지고, 부모님께서는 더욱 믿음으로 사시도록 하시옵소서. 두 분의 삶이 여호와의 긍휼히 여기심을 받아 샘물 근원으로 인도되는 은혜를 누리게 하시옵소서.
예수님의 이름으로 기도드립니다. 아멘.

58일 ∨ 아름다운 물건이 가득한 집을

기도 전에 묵상할 말씀 - 신 6:11

사랑이 많으신 하나님,
여호와의 도우심으로 근심이나 걱정이 없이 지냄을 찬양합니다. 이에, 삶의 문제는 하나님께 맡기고, 오직 주 예수님의 제물이 되심으로써 새 생명을 얻은 은혜를 아침마다 새롭게 하게 하시옵소서. 먼저 죄악을 회개합니다. 저희 부부와 자녀들을 여호와 앞에서 구별된 사람으로 세우는 것에 예민하지 못하였음을 용서해주시옵소서.
〔-이어서, 가족과의 관계에서 하나님만 아시는 숨겨져 있는 나의 죄를 회개한다.〕
이 시간에, 오직 하나님을 경외하는 열정으로 가정을 세우고, 수고해 오신 부모님을 축복합니다. 성령님께서 아버지와 어머니의 마음에 거룩한 가정을 세우도록 하셨음을 묵상합니다. 지금까지와 같이 앞으로 두 분의 기도를 통해서 아름다운 처소가 만들어지게 하시옵소서.
저희들에게는 부모님의 신앙과 삶을 물려받게 하시옵소서. 아버지와 어머니의 삶의 모습이 흠모할 만큼 여겨지게 하시옵소서. 두 분의 삶을 디딤돌로 삼아 저희들도 하나님을 경외하는 사람으로 자라게 하시옵소서.
오늘, 하나님 앞에서 부모님이 복 되시기를 간구합니다. 하나님의 은혜로 저희 가정에 부족한 것이 없게 하시옵소서. 진리의 신비한 은혜와 삶에서 필요한 재물과 지혜가 넘치게 하시옵소서.
예수님의 이름으로 기도드립니다. 아멘.

59일 ∨ 너를 후대하심이로다

기도 전에 묵상할 말씀 - 시 116:7

하나님 아버지,

저희 가정을 보호해 주시고, 여호와의 은혜로 하나가 되게 하셨음에 감사드립니다. 부모와 자녀들에게 한 믿음과 기도로 하나님을 찾게 하셨음을 즐거워합니다. 오늘도 먼저 죄악을 회개합니다. 하나님의 사랑에 응답하여 온 가족이 여호와께 향기로운 제물이 되지 못한 것을 용서해주시옵소서.

〔-이어서, 가족과의 관계에서 하나님만 아시는 숨겨져 있는 나의 죄를 회개한다.〕

부모님께 하나님을 경외하는 믿음을 갖게 하시고, 하늘의 복을 소망하게 하셨음에 감사드립니다. 두 분의 하나님을 사랑하는 열정으로 저희 가족에게 여호와를 호주로 삼는 만족함을 주시옵소서. 하나님을 제일주의로 살아가는 생활이 고스란히 가족의 삶이 되게 하시옵소서.

오늘, 주님의 이름으로 부모님을 축복합니다. 귀한 분들의 삶의 원칙이 지금까지 하나님을 사랑하는 것이었듯이, 앞으로도 그렇게 사시도록 인도해주시옵소서. 저희 가정에 임하는 여호와의 복이 하나님을 경외하는 결과라는 것을 자녀들과 친척들에게도 증거되게 하시옵소서.

여호와를 의지하는 백성에게 베푸시는 은혜가 오늘도, 저희 집에 차고 넘치게 될 것을 믿습니다. 영적인 의미에서, 누르고, 흔들어 넘치도록 하심의 삶을 영위하게 하시옵소서. 저희들이 그 은혜를 누릴 때, 하늘에서 하나님이 보고 웃으시기를 기대합니다.

예수님의 이름으로 기도드립니다. 아멘.

60일 ∨ 너는 행복한 사람이로다

기도 전에 묵상할 말씀 - 신 33:29

사랑이 많으신 하나님,

여호와의 자녀로 삼아주신 그날부터 오늘에까지 신령한 복으로 살게 하심을 찬양합니다. 여호와 앞에서 결코 두려움이나 실패가 없이 합력하여 선을 이루는 것을 보게 하셨으니 더욱 하나님의 손을 의지하게 하시옵소서. 이 시간에, 먼저 죄악을 회개합니다. 하나님의 사랑에 응답하여 온 가족이 여호와께 향기로운 제물이 되지 못한 것을 용서해주시옵소서.

〔-이어서, 가족과의 관계에서 하나님만 아시는 숨겨져 있는 나의 죄를 회개한다.〕

어머니와 아버지의 인생이 행복하시기를 빕니다. 하나님께서 도움의 팔로 두 분을 둘러 주시옵소서. 두 분의 삶을 방해하려는 갖가지의 흑암의 세력을 물리쳐 주시옵소서. 참으로 바라기는, 아버지와 어머니가 이스라엘의 행복자가 되심입니다.

하나님의 은혜가 임하여 두 분이 행복하시도록 해주시옵소서. 자신을 훼방하는 대적의 세력을 능히 물리치고, 안연히 지내시는 은혜를 더하시옵소서. 하나님의 평강으로 두 분의 삶이 둘러지게 하시옵소서.

부모를 축복하고, 그분들의 생애가 영예스럽기를 위하여 빌기를 사모하는 자녀들이 되게 하시옵소서. 부모님의 행복함에서 자녀들의 기쁨이 있는 가정을 만들어 주시옵소서.

예수님의 이름으로 기도드립니다. 아멘.

4. 가정 교회를 이루는 부모와 자녀

61. 자녀들에게 복을 주셨으며
62. 어린 아이들을 가까이 하시고
63. 아이의 이름이 유명하게 되기를
64. 하나님의 은혜가 그의 위에
65. 하나님을 아는 것에 자라게
66. 네 부모를 공경하라
67. 센 머리 앞에서 일어서고
68. 악을 가리는 데 쓰지 말고
69. 각기 이웃을 도우며
70. 혐의가 있거든 용서하라
71. 빈 손으로 네 곁에 있거든
72. 선한 일에 너희를 온전하게
73. 교회의 덕을 세우기 위하여
74. 여러 지체가 서로 같이 돌보게
75. 모든 좋은 것을 함께 하라
76. 신령한 집으로 세워지고
77. 소망의 풍성함에 이르러
78. 주의 인자하심과 성실하심으로
79. 은혜를 맡은 선한 청지기
80. 정신을 차리고 근신하여

61일 ∨ 자녀들에게 복을 주셨으며

기도 전에 묵상할 말씀 - 시 147:13

인생을 주관하시는 하나님,
저희들의 삶에 동행해 주시며, 때로는 담대하게 하신 여호와 하나님을 찬양합니다. 고달플 때는 쉬게 하시고, 헤맬 때는 길을 열어 주셨으니 늘 여호와를 앙망하며 지내게 하시옵소서. 죄악을 회개합니다. 가족을 축복할 권세를 주셨음에도 기도에 게을러서 가족을 위하여 빌지 못한 죄를 고백합니다. 용서해주시옵소서.
(-이어서, 가족과의 관계에서 하나님만 아시는 숨겨져 있는 나의 죄를 회개한다.)
오늘, 성령님의 충만하신 임재로 저희 가정이 여호와의 보호 안으로 들어가게 하시옵소서. 저희들에게는 양육하도록 맡겨주신 애들이 신앙으로 살아가는 것을 존귀하게 여기게 하시옵소서. 그들이 여호와 앞에서 복스러운 생애를 살도록 복을 더하시옵소서.
그 복으로 인하여 사탄이 애들의 삶에 침투하지 않게 하시옵소서. 또한 하나님께서 주시는 평안을 잃지 않게 하시옵소서. 여호와의 은총으로 재물을 얻을 때, 단 한 푼도 헛되이 쓰여지지 않게 해 주시옵소서. 저희들이 누리게 하시는 하나님의 은혜로 그들도 평안을 누리게 하시옵소서.
오늘, 한 날도 자녀들의 삶이 여호와의 은혜로 촉촉해지기 원합니다. 아침부터 저녁까지 하나님의 자비를 찬송하게 해 주시기 원합니다. 그리하여 저희들 역시 수고의 떡을 먹음이 기쁘게 하시옵소서. 하나님의 은혜로 부모와 자녀들이 모두 복된 가정으로 인도해 주시옵소서.
예수님의 이름으로 기도드립니다. 아멘.

62일 ∨ 어린 아이들을 가까이 하시고

기도 전에 묵상할 말씀 - 눅 18:16

자비로우신 하나님,
여호와의 한결 같으신 사랑으로 이제까지 지내온 것에 감사드립니다. 저희 가정과 식구들 각자에게 주신 사명을 새롭게 하며 살아가게 하시옵소서. 여호와의 뜻이 저희 가정에서 이루어지기 원합니다. 이 시간에, 먼저 죄악을 회개합니다. 가족을 축복할 권세를 주셨음에도 기도에 민감하지 못하였습니다. 축복의 사명을 감당 못한 죄를 용서해주시옵소서.

〔-이어서, 가족과의 관계에서 하나님만 아시는 숨겨져 있는 나의 죄를 회개한다.〕

자녀들의 생명이 하나님의 나라에 속해 있음에 감사드립니다. 그들도 하나님 앞에서 언약의 백성으로 살게 하셨음을 묵상합니다. 이제, 저희들은 부모라고 그들에게 만용을 부리지 말고, 하나님의 자녀들을 대하는 심정을 갖게 하시옵소서. 날마다 그들을 축복하게 하시옵소서.

저희 자녀들이 여호와 앞에서 살아가도록 격려하고, 후원하는 부모가 되기를 빕니다. 그들에게 언약의 공동체에 합당한 삶을 살아가도록 가르치고, 이끌어 주는 부모가 되게 하시옵소서. 그들의 성장과정에서 하나님의 뜻이 나타나기를 돕게 하시옵소서.

하나님께서 저희 가정에 주신 상급으로 애들을 대하게 하셨음에 감사드립니다. 그들이 하나님의 기업이며, 잠시 양육을 맡은 저희들에게는 즐거움이 되게 하시옵소서.

예수님의 이름으로 기도드립니다. 아멘.

63일 ∨ 아이의 이름이 유명하게 되기를

기도 전에 묵상할 말씀 - 룻 4:14

복을 주시는 하나님,

여호와의 은총으로 저희 가족이 날마다 이김을 누리게 하셨으니 찬양합니다. 우리 주님의 보혈이 죄의 유혹을 물리치는 힘이 되어주시고, 식구들에게 정욕의 욕망을 거절하게 하셨음에 더욱 감사드립니다. 성령님의 죄악을 깨달아 회개하게 하심을 따라 회개합니다. 저에게 가족을 섬겨야 할 의무를 주셨음에도 그들의 이름을 부르지 못한 죄를 저질렀으니 용서해주시옵소서.

[-이어서, 가족과의 관계에서 하나님만 아시는 숨겨져 있는 나의 죄를 회개한다.]

이미, 저희 자녀들이 세상에 태어난 것으로 복의 대상이 되게 하셨음에 감사드립니다. 하나님께서 그들의 삶에 대한 계획과 작정을 갖고 계심에 그대로 이루어지게 하시옵소서. 자녀들이 저희의 품에서 자라는 동안에 온전하게 성장하게 하시옵소서.

부모로서 마땅히 자녀들의 생명을 축복하고, 그들의 삶이 영화롭게 되기를 빌게 하시옵소서. 그들이 세상에서 사는 동안에 빼어난 인물이 되어, 하나님의 이름을 영화롭게 하게 하시옵소서. 그들이 모든 이들보다 머리됨이 더하여 하나님의 일꾼으로 크게 쓰임을 받게 하시옵소서.

저희 자녀들에게 학문을 하는 지혜를 더하셔서 지식의 부요함을 누리게 하시옵소서. 그들의 삶을 여호와의 인도하심에 따라 이끌어주시옵소서. 여호와의 사람으로 자기들이 인생이 준비되게 하시옵소서.

예수님의 이름으로 기도드립니다. 아멘.

64일 ∨ 하나님의 은혜가 그의 위에

기도 전에 묵상할 말씀 - 눅 2:40

은혜로우신 하나님,
우는 사자 같이 두루 삼킬 자를 찾는 사탄의 공격에서 지켜 주신 은혜에 감사드립니다. 여호와의 은혜로 든든히 세워져 가는 만큼 하나님의 영광을 구하는 은혜를 주시옵소서. 오늘도, 저희 가정이 복의 처소가 되고, 임마누엘의 기쁨을 누리게 하시옵소서. 축복의 통로가 되어야 될 사명을 잊고 지냈던 죄악을 회개합니다. 여호와 앞에서 가족을 주목하지 못하고 지낸 시간들을 용서해주시옵소서.
〔-이어서, 가족과의 관계에서 하나님만 아시는 숨겨져 있는 나의 죄를 회개한다.〕
오늘, 사랑하는 자녀들의 인생을 축복합니다. 그들에게 보여 지는 오늘의 모든 것이 축복의 사건이 되게 하시옵소서. 잠에서 깬 아침의 시간에 만난 부모가 축복이 되게 하시고, 아침의 이른 시간에 교실에 들어서는 순간도 축복이 되기 원합니다.
저희 애들이 하나님께서 주신 소망을 붙잡고, 공부를 할 때, 성령님의 인도하심을 빕니다. 성령님의 알게 하시고, 깨닫게 하시며, 가르치심의 영이 충만해서 공부를 잘 하게 하시옵소서. 그들이 책을 펴서 읽는 것이 즐거운 일이 되게 하시고,, 교실이 좋은 자리가 되게 하시옵소서.
하나님의 은혜 안에서 저희 애들이 강해지게 하시옵소서. 그들의 몸이 자라는 동안에 지혜도 자라는 복을 누리게 하시옵소서. 그와 같은 사람으로 말미암아 더욱 하나님과 동행하기를 소망하도록 이끌어 주시옵소서.
예수님의 이름으로 기도드립니다. 아멘.

65일 ∨ 하나님을 아는 것에 자라게
기도 전에 묵상할 말씀 - 골 1:20

하늘 영광의 하나님,

생명수 샘물의 은혜로 목이 마름이 없는 삶을 살아오게 하셨음을 찬양합니다. 시온에서부터 흐르는 생명수로 강과 같은 평화가 마음에 넘침을 인하여 주님의 이름을 높여드립니다. 먼저 죄악을 회개합니다. 가족을 위하여 믿음으로 구하고, 하나님의 은총이 임하도록 간구하지 못하였음을 고백합니다. 용서해주시옵소서.

〔-이어서, 가족과의 관계에서 하나님만 아시는 숨겨져 있는 나의 죄를 회개한다.〕

선물로 주신 자녀들이 하나님을 경외하며 자라는 것을 볼 때, 즐겁습니다. 오늘, 그들을 위하여 중보의 무릎을 꿇을 때, 간절함을 더해 주시옵소서. 사랑하는 자녀들이 하나님의 뜻을 바로 알게 하시옵소서. 그들이 아버지이신 하나님께 합당히 행하게 해 주시기를 빕니다.

저희 자녀들이, 하나님을 아빠라 부르도록 하나님께의 친밀함을 누리게 하시옵소서. 여호와의 뜻을 깨달아 그대로 행함으로써 하나님과의 친밀함을 누리게 하시옵소서.

저희 애들에게 그들이 행하는 모든 일에서 하나님을 기쁘시게 해드림이 되게 하시옵소서. 하나님께 합당하지 않은 것은 생각조차 거절하도록 은혜를 주시옵소서. 그들의 손에서 주님의 이름으로 행하는 것들이 되게 하시며, 천국의 창고의 쌓는 열매를 맺게 하시옵 소서.

예수님의 이름으로 기도드립니다. 아멘.

66일 ∨ 네 부모를 공경하라

기도 전에 묵상할 말씀 - 마 15:4

우주만물을 주관하시는 하나님,
여호와의 은혜가 사랑하는 자녀들에게 부족함이 없는 삶이 되게 하셨음에 감사드립니다. 주님을 호주로 모신 가정에서 태어난 거룩한 은총에 감사하게 하시며, 자녀들 각자가 영적으로 레위 지파에 속한 사명을 감당하게 하시옵소서. 기도에 깨어있지 못했던 죄악을 회개합니다. 가족을 사랑함에 게을렀고, 저희 식구들이 여호와께 제단이 되는 것에 소홀했음을 고백합니다. 용서해주시옵소서.
〔-이어서, 가족과의 관계에서 하나님만 아시는 숨겨져 있는 나의 죄를 회개한다.〕
저희들의 삶에 인간의 질서를 주시고, 그 질서를 통해서 복을 받게 하셨음에 감사드립니다. 주님께서 하나님을 공경하고, 하나님의 뜻에 순종하신 생애를 사셨음을 저희 애들이 배우기를 원합니다. 저희 자녀들이 부모를 공경함으로써, 인간이 질서를 지키게 하시옵소서.
저희 가정에 세우신 하나님의 질서를 존귀하게 여기게 하시옵소서. 부모를 공경함으로써 하나님께 이르는 애들이 되게 하시옵소서. 그들의 말과 행실에서 부모를 공경하는 은혜를 누리게 하시옵소서. 이로써 자녀가 된 거룩한 의무를 다하게 하시옵소서.
저희 자녀들이 부모를 공경하도록 하기 위하여, 부모 된 저희들이 먼저 부모를 공경하게 하시옵소서. 저희들이 부모를 공경함에서, 자녀들이 배우게 하시고, 그대로 따르도록 인도해 주시옵소서.
예수님의 이름으로 기도드립니다. 아멘.

67일 ∨ 센 머리 앞에서 일어서고

기도 전에 묵상할 말씀 - 레 19:32

사랑이 많으신 하나님,
저희들이 살아오는 동안에, 죄가 많은 곳에서, 미혹이 많은 곳에서 거룩한 삶을 사모하게 하셨으니 찬양합니다. 그 은혜를 새롭게 할 때, 더욱 담대함으로 세상을 이기는 삶을 결단하게 하시옵소서. 먼저 죄악을 회개합니다. 저희 가정을 하나님께 드리는 것에 주목하지 못하고, 자녀들의 신앙을 살피지 못했음을 용서해주시옵소서.
〔-이어서, 가족과의 관계에서 하나님만 아시는 숨겨져 있는 나의 죄를 회개한다.〕
저희 자녀들이 하나님 앞에서 자라오게 하셨음에 감사드립니다. 그들이 어려서부터 하나님을 경외하고, 그 경외함을 통해서 인간의 질서도 배우게 하셨음에 감사드립니다. 이제, 바라기는 그들이 하나님을 섬김에서, 윗사람을 존경하고, 아랫사람을 생각하는 은혜를 주시옵소서.
저희 자녀들에게 하나님을 섬김이 인간사회의 규범을 배우는 것이 되게 해 주시기를 빕니다. 하나님을 대신해서 자기를 이끌어 주는 어른들과 부모를 존경하게 하시옵소서. 그 존경이 바로 하나님을 경외하는 삶의 증거가 되게 하시옵소서.
저희 가정에 어른을 존중하고, 인간사회에서 섬겨야 할 이들에게 사회저긴 도리를 다하는 은혜를 주시옵소서. 주위에 있는 어른들의 가르침으로 말미암아 성장하고, 부모의 사랑으로 자라고 있음에 감사하는 마음을 갖게 하시옵소서.
예수님의 이름으로 기도드립니다. 아멘.

68일 ∨ 악을 가리는 데 쓰지 말고

기도 전에 묵상할 말씀 - 벧전 2;16

사랑이 많으신 하나님,
삶이 조금은 궁핍할지라도 자녀들이 주안에서 건강하게 자라게 하셨음에 감사드립니다. 그들이 여호와 앞에서 복 된 인생이 되기 원합니다. 오늘도 간구하기 전에, 회개의 영을 구합니다. 먼저 죄악을 회개하도록 상한 심령을 주시옵소서. 자녀들을 여호와 앞에서 구별된 사람으로 세우는 것에 예민하지 못하였음을 용서해주시옵소서.
〔-이어서, 가족과의 관계에서 하나님만 아시는 숨겨져 있는 나의 죄를 회개한다.
저희 자녀들이 주님의 보혈로 죄와 율법에서 구원을 얻게 하셨으니, 이 복을 누리게 하시옵소서. 우리 주님께서 십자가상에서 율법의 완전한 의를 이루셨음을 기억하게 하시옵소서. 이제, 더는 죄에 자신의 몸을 내어주지 않게 하시옵소서.
오늘, 사랑하는 자녀들이 그리스도 안에서 결코 정죄함이 없음을 찬양하면서 지내게 하시옵소서. 그들의 행실이 거룩해지게 하시옵소서. 거룩함의 열매를 맺는 삶을 살게 하시옵소서. 악한 일에 자기를 내어주지 않는 복된 인생이 되게 하시옵소서.
저희 자녀들에게 의의 열매를 맺으려는 거룩한 소망을 주시옵소서. 성령님의 충만하신 감동으로 하나님께 영광이 되는 행실을 소망하게 하시옵소서. 주님의 이름으로 착한 행실에 힘을 쓰게 하시옵소서. 죄에서 해방되고, 하나님께 종이 된 은혜를 즐거워하게 하시옵소서
예수님의 이름으로 기도드립니다. 아멘.

69일 ∨ 각기 이웃을 도우며

기도 전에 묵상할 말씀 - 사 41:6

인생의 도움이신 하나님,
저희 가정과 식구들에게 나타내시는 여호와의 긍휼하심을 찬양합니다. 하나님 앞에서 거룩하고, 흠이 없도록 인도하시고, 늘 겸손하게 하시니 더욱 주님을 의지하게 하시옵소서. 이 시간에, 죄악을 회개합니다. 하나님의 사랑에 응답하여 온 가족이 여호와께 향기로운 제물이 되지 못한 것을 용서해주시옵소서.
〔-이어서, 가족과의 관계에서 하나님만 아시는 숨겨져 있는 나의 죄를 회개한다.〕
아버지와 어머니의 빈 손으로 시작하신 살림을 넉넉하게 하셨음에 감사드립니다. 궁핍할 때마다 하나님의 도우심을 바라고, 기도하게 하신 은혜에 감사드립니다. 그 은혜로 저희 집안은 풍성함을 누리고, 저희들은 잘 자라고 있으니, 더욱 하나님께 영광을 드리게 하시옵소서.
부모님과 저희들에게 하나님의 사랑이 되어 이웃을 돌아보는 은혜를 누리게 하시옵소서. 거저 받은 것들이 많으니, 이것들을 이웃과 나누게 해 주시기를 빕니다. 아직도 모자라다는 생각을 거절하고, 이만큼 받았다는 기쁨으로 어려운 이들에게 베푸는 은혜를 주시옵 소서.
생각해보건대, 저희들이 지금 누리고 있음은 다 하나님의 은혜입니다. 조금씩이라도 손을 펴서 어렵게 지내는 이들에게 나누어 주는 부모님을 보게 해 주시옵소서. 그 나눔의 은혜를 저희들도 배워서, 여호와의 손길을 되게 하시옵소서.
예수님의 이름으로 기도드립니다. 아멘.

70일 ∨ 혐의가 있거든 용서하라

기도 전에 묵상할 말씀 - 막 11:25

하늘에 계신 하나님,
여호와의 자비로우심이 사랑하는 자녀들에게 나타나 잘 자라게 하셨음에 감사드립니다. 이들에게도 주님의 어린 시절이 자기들의 것이 되었음을 고백합니다. 교회를 중심으로 지내는 중에, 키가 자라고 지혜가 자랐음에 감사드립니다. 회개의 영이 충만하시기를 빕니다. 상한 심령이 되어 죄악을 회개합니다. 하나님께 응답하여 온 가족이 여호와께 향기로운 제물이 되지 못한 것을 용서해주시옵소서.
〔-이어서, 가족과의 관계에서 하나님만 아시는 숨겨져 있는 나의 죄를 회개한다.〕
저희들이 하나님께 용서를 받고 있음에 감사드립니다. 하나님의 용서가 저희들의 것이 되어, 이웃을 용서하는 사람이 되게 하시옵소서. 저희 자녀들이 하나님의 용서로, 남을 용서할 수 있게 하시옵소서.
세상에서 사람들과의 인간관계에서 저희 자녀들은 용서의 관계를 누리게 하시옵소서. 그들이 오늘, 어떤 모습으로 살게 되든 지 남을 대하는 첫째 행동은 용서가 되게 하시옵소서. 하나님께로부터 받은 용서를 이웃에게 풍족하게 베푸는 은혜를 보게 하시옵소서.
혹시라도, 저희 자녀들이 이웃의 과실을 용서하는데 인색하지 않게 하시옵소서. 그들이 남에 대한 최선의 배려가 용서이게 하시옵소서. 이웃의 과실을 용서함으로써 하나님의 용서에 대한 응답의 삶이 되게 하시옵소서.
예수님의 이름으로 기도드립니다. 아멘.

71일 ∨ 빈 손으로 네 곁에 있거든

기도 전에 묵상할 말씀 - 레 25:35

생명을 아끼시는 하나님,
세상에서의 삶이, 어두운 죄악의 길이 유혹하지만, 그때, 그때 피할 길을 열어주시고, 자신을 지키게 하셨음을 찬양합니다. 여호와 앞에서 사랑하는 자녀에게 세속에 물들지 않게 하셨음에 감사드립니다. 오늘도 먼저 죄악을 회개합니다. 가족을 축복할 권세를 주셨음에도 기도에 게을러서 가족을 위하여 빌지 못한 죄를 고백하니 용서해주시옵소서.

〔-이어서, 가족과의 관계에서 하나님만 아시는 숨겨져 있는 나의 죄를 회개한다.〕

하나님은 부자와 가난한 자를 사랑하시는 하나님이심을 알게 하시옵소서. 그리고 부자라 하여, 자기의 부유함으로 살아가지 못하고, 가난한 자라 하여, 자신의 부족함으로 살 수 없음이 아님을 알게 하시옵소서. 자녀들이 하나님께서 인생을 돌보신다는 은혜를 배우기를 원합니다.

하나님께서는 모든 사람들을 보호해주신다는 진리를 잊지 말게 하시옵소서. 그리고 하나님의 자비하심이 사람들로부터 도움을 받게 하심이라는 것을 알게 해 주시옵소서. 자신의 소유의 넉넉함으로 가난한 이들에게 손을 펴야 한다는 것을 어려서부터 깨닫게 하시옵소서.

저희 자녀들이 자기의 소유를 가지고, 가난한 자들을 도움으로써 하나님께서 그들을 보호하심에 감사하게 하시옵소서. 가난한 자들을 위하시는 하나님의 자비를 손을 사용하여 나타내게 하시옵소서.
예수님의 이름으로 기도드립니다. 아멘.

72일 ∨ 선한 일에 너희를 온전하게

기도 전에 묵상할 말씀 - 히 13:21

은혜로우신 하나님,
여호와께 은총을 입은 자녀들이 오늘까지 복을 누리게 하셨음을 즐거워합니다. 이 애들이 세상에서 살아가는 동안에, 하늘에 마음을 품게 하시고, 하나님의 말씀을 생명처럼 여기게 하시옵소서. 이 시간에, 먼저 죄악을 회개합니다. 가족을 축복할 권세를 주셨음에도 기도에 민감하지 못하였습니다. 축복의 사명을 감당 못한 죄를 용서해주시옵소서.

〔-이어서, 가족과의 관계에서 하나님만 아시는 숨겨져 있는 나의 죄를 회개한다.〕

하나님의 자녀로 사는 저희들에게 하나님의 영광을 구하는 삶을 좋아하게 하셨음에 감사드립니다. 오늘, 사랑하는 자녀들에게 하나님의 말씀을 준행하고, 성령님의 감동에 따라 착한 일을 하기를 소망하게 하시옵소서. 우리 애들이 여호와 앞에서 성도로서의 선행과 말씀에의 순종으로 사는 하루를 보내도록 은혜를 내려 주시옵소서.

하나님의 은혜로만 그들이 하나님의 뜻을 따를 수 있음을 믿습니다. 우리 하나님께서 내려주시는 힘과 그 역사로 착한 행실의 열매를 맺는 한 날이 되게 하시옵소서. 이로써 신령함을 갖춘 복된 삶을 살게 하시옵소서.

오늘도 저희들의 소원이 하나님께 영광을 드리는 것일진대, 성령님으로 충만하게 하시옵소서. 성령님께서 인도하시는 대로 착한 일에 힘쓰게 하시며, 말씀을 준행하는 자녀들이 되게 하시옵소서.

예수님의 이름으로 기도드립니다. 아멘.

73일 ∨ 교회의 덕을 세우기 위하여

기도 전에 묵상할 말씀 - 고전 14:12

소망을 주시는 하나님,

오늘도, 성령님의 충만하심이 자녀에게 있기를 소망합니다. 이제까지 그를 여호와 앞에서 살아가도록 이끌어 주시고, 하나님의 도우심을 기다리게 하셨음에 감사드립니다. 빌어야 될 것을 간구하기 전에, 죄악을 회개합니다. 가족을 섬겨야 할 의무를 주셨음에도 그들의 이름을 부르지 못한 죄를 저질렀습니다. 용서해주시옵소서.

〔-이어서, 가족과의 관계에서 하나님만 아시는 숨겨져 있는 나의 죄를 회개한다.〕

저희들에게 말로 다할 수 없는 은혜를 주셨음에 감사드립니다. 저희 자녀들에게도 은사를 주셔서, 그들이 자신의 은사를 통해서 기쁨을 누리게 하심에 감사드립니다. 이제, 그들이 자신의 은사를 사용하여 하나님의 영광을 더욱 더 구하게 하시옵소서.

바라기는, 그 은사가 자기 자신보다는 친구들과 이웃들에게 즐거움이 되게 하시옵소서. 나아가, 저희 자녀들에게 더욱 더 신령한 은사를 구하도록 하시옵소서. 은사에 대한 거룩한 소망을 주시옵소서. 하나님의 은혜를 맡은 관리인으로 살기에 조금의 부족함이 없는 은사를 주시옵소서.

오늘, 저희 자녀들의 한 날이 자기 자신은 물론, 타인에게도 즐거움이 되게 하시옵소서. 가족들에게도 기쁨이 되고, 하나님의 교회에는 큰 유익함이 되는 하루를 보게 하시옵소서. 하나님께서 찾으시는 영광을 드리는 하루의 삶을 살게 하시옵소서.

예수님의 이름으로 기도드립니다. 아멘.

74일 ∨ 여러 지체가 서로 같이 돌보게
기도 전에 묵상할 말씀 - 고전 12:25

즐거움이 되시는 하나님,
저희 자녀들에게 좋은 옷을 입혀주시고, 맛난 음식을 먹는 은총을 받게 하셨음을 즐거워합니다. 그들이 주 안에서 자라게 하셨은즉 천국 일꾼이 되기를 소원하게 하시옵소서. 상한 심령을 원하시는 하나님께 죄악을 내려놓게 하시옵소서. 여호와 앞에서 가족을 주목하지 못하고 지낸 시간들을 고백합니다. 용서해주시옵소서.
〔-이어서, 가족과의 관계에서 하나님만 아시는 숨겨져 있는 나의 죄를 회개한다.〕
오늘, 저희 자녀들이 여호와 앞에서 복스러운 삶을 살게 하시옵소서. 그들이 성령님의 충만하신 감화를 통해서, 위로부터 받은 사명을 아름답게 감당하는 한 날을 보내기를 빕니다. 저희들 모두가 주님의 몸을 이루는 한 지체로서, 자신의 역할을 잘 감당하게 하시옵소서.
저희 애들에게도 지체의 한 부분으로 아름답게 사는 한 날이 되게 하시옵소서. 교회 안에서 한 몸을 이루어 가듯이, 교회 밖에서도 믿는 자와 믿지 않는 자를 떠나서 모두를 섬기는 은혜를 주시옵소서. 그들이 이웃에게 지체의 한 부분이 되어줌으로써 주님의 사랑을 드러내게 하시옵소서.
자녀들에게 지체로서 다른 지체를 섬기는 은혜를 보게 하시옵소서. 하나님의 은혜로 남들에게 다가가 지체의 한 부분이 되어 줄 수 있게 하시옵소서. 다른 이들을 섬기는 삶을 살아, 하나님 앞에서 온전함을 이루게 하시옵소서.
예수님의 이름으로 기도드립니다. 아멘.

75일 ∨ 모든 좋은 것을 함께 하라
기도 전에 묵상할 말씀 - 갈 6:6

거룩하신 삼위의 하나님,

늘 성령 하나님께 예민하게 하시고, 부지중에 죄를 지었을 때, 회개의 영으로 인도해 주심을 찬양합니다. 여호와께 존귀한 자녀가 하나님의 사람으로 살아가도록 견책해 주시옵소서. 먼저 죄악을 회개합니다. 가족을 위하여 믿음으로 구하고, 하나님의 은총이 임하도록 간구하지 못하였음을 고백합니다. 용서해주시옵소서.

〔-이어서, 가족과의 관계에서 하나님만 아시는 숨겨져 있는 나의 죄를 회개한다.〕

저희 자녀들에게 하늘로부터 내려오는 복을 받는 하루가 되게 하시옵소서. 그들을 하나님의 사람으로 양육해 주시려고, 교회생활을 하게 하셨음에 감사드립니다. 오늘은 그들이 교회와 목회자 주일학교의 교사들에 대하여 감사하는 하루가 되기를 빕니다. 하나님을 대신해서 가르쳐 주는 그들의 은혜를 묵상하게 하시옵소서.

저희가 먼저 그들에게 본을 보인 것처럼, 하나님의 교회에서 수고하는 이들을 섬기는 은혜를 누리게 하시옵소서. 자신의 영혼을 위해서, 성도로서의 삶을 올바르게 인도하기 위해서 수고를 다하는 목회자와 주일학교의 교사들에게 즐거움이 되게 하시옵소서.

저희 자녀들에게 목회자를 섬기는 은혜를 주시옵소서. 자신의 가장 좋은 것으로 목회자를 대접해드림을 경험하게 하시옵소서. 주일학교에서 하나님의 말씀을 가르쳐 주는 교사에게도 대접하는 마음을 주시옵소서.

예수님의 이름으로 기도드립니다. 아멘.

76일 ∨ 신령한 집으로 세워지고

기도 전에 묵상할 말씀 - 벧전 2:5

하늘에 계신 하나님,

저희 가정에 신령한 복을 내려 주시고, 가족의 삶을 영화롭게 해주셨음에 감사드립니다. 저희 자녀들이 하나님께 존귀한 백성이 되게 하시옵소서. 오늘도 간구하기 잔에, 성령님께 붙들리어 죄악을 고백하게 하시옵소서. 가족을 사랑함에 게을렀고, 저희 식구들이 여호와께 제단이 되는 것에 소홀했음을 고백합니다. 용서해주시 옵소서.

〔-이어서, 가족과의 관계에서 하나님만 아시는 숨겨져 있는 나의 죄를 회개한다.〕

저희 가족에게 오직 믿음으로 살아오게 해 주셨음에 감사드립니다. 오늘, 자녀들을 사랑할 때, 그들이 이제까지와 같이 앞으로도 믿음을 놓지 않게 하시옵소서. 그들이 예수님을 주로 모시고 사는 동안 신령한 집으로 세워지는 자신을 경험하게 하시옵소서.

저희 애들이 오늘을 지내면서 하나님의 성전에 대하여 묵상하게 하시옵소서. 산 돌이신 주님을 본받아서, 작은 산 돌로 지내서, 자신을 거룩하게 세워나가게 하시옵소서. 성령님께서 충만하신 임재로 감화하실 때, 아멘의 마음으로 순종하여, 자기를 거룩하게 해 주시옵소서.

저희 자녀들이 하나님의 영으로 충만하게 하시옵소서. 하나님의 영이 다스리시는 그대로 자신을 맡기는 삶을 누리게 하시옵소서. 하루의 삶을 집을 짓듯이 하나님 앞에서 세워져 가도록 해주시옵소서.

예수님의 이름으로 기도드립니다. 아멘.

77일 ∨ 소망의 풍성함에 이르러

기도 전에 묵상할 말씀 - 히 6:11

소망으로 인도하시는 하나님,

여호와 앞에서 사랑하는 자녀들을 복 되고, 형통하게 하셨음을 찬양합니다. 육신적으로는 저희들에게 양육을 맡기셨으나 하나님의 긍휼로 자라게 하시니 더욱 하나님의 뜻에 따라 자라기를 소망하게 하시옵소서. 먼저 죄악을 회개합니다. 저희 가정을 하나님께 드리는 것에 주목하지 못하고, 자녀들의 신앙을 살피지 못했음을 용서해주시옵소서.

〔이어서, 가족과의 관계에서 하나님만 아시는 숨겨져 있는 나의 죄를 회개한다.〕

저희 자녀들을 복되게 하시고, 여호와의 품에서 지내게 하셨음에 감사드립니다. 오늘도 그들에게 소망으로 가득 찬 하루를 바라보게 하셨으니, 주님의 영광을 구하게 하시옵소서. 그 소망이 자신의 육신을 위한 것이 아니라, 마땅히 하나님의 자녀로서의 삶에 대한 소망이 되게 하시옵소서.

하나님께서 소망을 주셨으니, 소망을 자신의 것으로 삼기 위해서 열심을 다하게 하시옵소서. 그들에게 주신 소망을 손으로 만질 수 있도록 은혜를 주시옵소서. 하나님의 은혜로 소망이 이루어져서, 여호와께 복된 인생이 되도록 하시옵소서.

저희 애들에게 소망에 도전하는 열정을 품게 하시옵소서. 그들의 생활에서 구체적으로 부지런하게 하시며, 노력을 경주하게 하시옵소서. 힘을 다하는 가운데 소망의 풍성함에 이르게 하시옵소서.

예수님의 이름으로 기도드립니다. 아멘.

78일 ∨ 주의 인자하심과 성실하심으로

기도 전에 묵상할 말씀 - 시 138:20

사랑이 많으신 하나님,
자녀들이 가정을 통해서 믿음의 반석을 보게 하셨음에 감사드립니다. 저희들에게 하나님을 사랑함에 본을 보이게 하셨으니, 그 은혜가 그들에게도 임하여 여호와를 사랑하며 지내기를 다짐하는 자녀들이 되게 하시옵소서. 먼저 죄악을 회개합니다. 저희 부부와 자녀들을 여호와 앞에서 구별된 사람으로 세우는 것에 예민하지 못하였음을 용서해주시옵소서.
〔-이어서, 가족과의 관계에서 하나님만 아시는 숨겨져 있는 나의 죄를 회개한다.〕
저희들에게 가정을 이루게 하시고, 하나님의 영광을 구하는 제단이 되게 하셨음에 감사드립니다. 그들은 어려서부터 저희들의 믿음을 보았고, 하나님을 섬기는 것을 배웠음에, 그 신앙으로 살게 하시옵소서. 애들이 자라면서 저희들을 디딤돌로 삼아 하나님께 더욱 가까이 나아가게 하시옵소서.
하나님의 은혜와 은총으로 애들은 저희들보다 더욱 큰 믿음의 자리를 갖게 하시옵소서. 저희들이 미처 누리지 못했던 믿음의 신비를 보게 하시옵소서. 진리의 신비로움도 맛을 보게 하시옵소서.
하나님의 사랑이 자녀들에게 풍성하기를 원합니다. 주의 인자하심으로 오늘, 복스러운 삶을 살게 하시옵소서. 주의 성실하심이 오늘, 그들의 생활 속에서 나타나 감격으로 사는 한 날이 되게 하시옵소서.
예수님의 이름으로 기도드립니다. 아멘.

79일 ∨ 은혜를 맡은 선한 청지기

기도 전에 묵상할 말씀 - 벧전 4:10

저희 가정을 날마다 은혜 위에 은혜로 충만하게 하심을 찬양합니다. 각자가 받은 사명을 감당하기 원하며, 특히, 이 땅에서 하나님의 나라가 이루어지도록 하시려는 뜻에 충성하는 자녀가 되게 하시옵소서. 성령님께 저의 심령을 내어드리니 죄악을 회개합니다. 하나님의 사랑에 응답하여 온 가족이 여호와께 향기로운 제물이 되지 못한 것을 용서해주시옵소서.

〔-이어서, 가족과의 관계에서 하나님만 아시는 숨겨져 있는 나의 죄를 회개한다.〕

저희 자녀들이 여호와 앞에서 관리인의 은혜를 경험하게 하시옵소서. 제 소유가 아닌, 하나님의 것을 맡아서 관리하는 청지기의 은혜를 주시옵소서. 이로써, 하나님의 각양 은혜를 받은 선한 청지기같이 서로 봉사하기를 즐거워하게 하시옵소서.

자신이 받은 바, 건강과 지혜, 그리고 능력과 재물까지도 하나님의 것을 잠시 맡았음을 잊지 않게 하시옵소서. 이 모든 것들은 다 하나님이 그들에게 은혜로 주신 것들이기에, 자신의 마음대로 쓰지 않게 하시옵소서. 하나님의 것을 탈취하는 죄를 짓지 않게 해 주시기를 빕니다.

저희들 각자를 신뢰하여, 하나님의 것을 맡기셨으니, 아름다운 청지기가 되게 하시옵소서. 하나님의 영광과 이웃의 유익을 위하여 사용하는 자녀들이 되게 하시옵소서. 필요로 할 때 기꺼이 드리는 심정으로 서로 봉사하는 아름다움을 주시옵소서.

예수님의 이름으로 기도드립니다. 아멘.

80일 ∨ 정신을 차리고 근신하여

기도 전에 묵상할 말씀 - 벧전 4:7

온 땅에 충만하신 하나님,
이렇게 자라가고 있는 애들을 볼 때, 여호와의 이름을 즐거워합니다. 하나님의 구별하심과 은총으로 복에 복이 더하는 삶을 살게 하셨으니 평생에 감사하게 하시옵소서. 사랑하는 하나님 앞에서 먼저 죄악을 회개합니다. 하나님의 사랑에 응답하여 온 가족이 여호와께 향기로운 제물이 되지 못한 것을 용서해주시옵소서.

[-이어서, 가족과의 관계에서 하나님만 아시는 숨겨져 있는 나의 죄를 회개한다.]

저희 자녀들에게 성령님의 은혜로서 시대를 읽는 눈을 주시옵소서. 그들이 말씀을 묵상하면서 오늘이 어떠한가를 깨달으며, 이 시대를 바로 보게 하시옵소서. 저희들이 기다리고 있는 주님께서 오심이 가까웠으니, 영안이 열려져 이 시대를 바로 보고, 자신을 살피게 하시옵소서.

오늘, 저희 자녀들에게 하나님 앞에서 정신을 차리는 은혜를 주시옵소서. 자신의 장래와 성공에 대한 생각에 너무 마음을 두지 않게 하시옵소서. 친구들과 어울려 지내는 데 너무 마음을 빼앗기지 않게 하시옵소서. 자신의 자리를 지키게 하시옵소서.

저희 자녀들이 주님의 재림을 기다리는 자세로 오늘의 한 날을 보내게 하시옵소서. 그들이 말씀에 따라 자신을 근신하게 하시옵소서. 그리고 심판의 주로 오실 주님을 맞이하도록 기도하는 은혜를 주시옵소서. 부족과 잘못을 회개하고 하나님의 뜻을 행할 힘을 간구하게 하시옵소서.

예수님의 이름으로 기도드립니다. 아멘.

5. 자녀의 장래를 하나님께 맡김

81. 갈 바를 알지 못하고 나아갔으며

82. 너희 믿음과 소망이 하나님께

83. 하나님이 그의 소원을 들으시고

84. 견고하게 해 주시는 하나님

85. 아멘 하여 하나님께 영광을

86. 그것을 만들며 성취하시는

87. 춤을 추게 하시는 하나님

88. 주 예수의 이름이 너희 가운데서

89. 소원을 두고 행하게 하시나니

90. 잉태할 수 있는 힘을 얻었으니

91. 의 행사를 여호와께 맡기라

92. 도움을 삼고, 소망을 두게

93. 구하라, 찾으라, 두드리라

94. 소원을 만족하게 해 주시는

95. 소망이 끊어지지 아니하리라

96. 등불을 켜고 집을 쓸며

97. 크게 은총을 입은 자라 1

98. 나의 모든 구원과 소원을

99. 소망이 넘치게 하시기를

100. 시온의 대로가 되시는 하나님

81일 ∨ 갈 바를 알지 못하고 나아갔으며
기도 전에 묵상할 말씀 - 히 11:8

거룩하신 하나님,
예수 그리스도의 반석 위에서 자녀들이 잘 자라게 하셨음에 감사드립니다. 어려서부터 하나님의 나라에 소망을 둔 그들에게, 여호와의 이름을 구하는 생애의 비전을 허락해 주시옵소서.
이 시간에, 먼저 죄악을 회개합니다. 가족을 축복할 권세를 주셨음에도 기도에 게을러서 가족을 위하여 빌지 못한 죄를 고백합니다.
용서해주시옵소서.
〔-이어서, 가족과의 관계에서 하나님만 아시는 숨겨져 있는 나의 죄를 회개한다.〕
저희들에게 믿음으로 사는 법을 배우게 하셨음에 감사드립니다. 하나님의 자녀로서 여호와께서 인정하시는 믿음을 저희들이 누리게 하시옵소서. 오늘, 저희 자녀들의 하루에서도 믿음으로 한 날을 사는 은혜를 경험하게 하시옵소서. 이미, 믿음의 조상들이 살았던 삶을 경험하게 하시옵소서.
저희 자녀들에게 하나님을 사랑하는 것을 배우게 해 주시기를 빕니다. 그들이 자기의 장래에 대하여 묵상할 때, 먼저 하나님 앞에 서는 사람이 될 것에 대한 환상을 꿈을 꾸게 하시옵소서. 비록 지금은 어리지만, 하나님의 삶으로 자신을 세우게 하시옵소서.
저희 자녀들에게 성령님의 충만하신 임재와 성령님의 인도하심을 사모하게 하시옵소서. 주님의 뜻을 따르는 것에 가치를 두게 하시옵소서. 주님의 길을 가는 것을 인생의 최고봉으로 여기게 하시옵소서.
예수님의 이름으로 기도드립니다. 아멘.

82일 ∨ 너희 믿음과 소망이 하나님께

기도 전에 묵상할 말씀 - 벧전 1:21

전지전능하신 하나님,
여호와의 인애하심이 저희 자녀들에게 있음을 찬양합니다. 사랑하는 자녀들이 살아가는 시간에서, 그들을 불쌍히 여기시고, 때를 따라 여호와의 자비하심이 넉넉하게 해 주심을 더욱 소망합니다. 간구하기 전에 죄악을 회개합니다. 가족을 축복할 권세를 주셨음에도 기도에 민감하지 못하였습니다. 축복의 사명을 감당 못한 죄를 용서해주시옵소서.
〔-이어서, 가족과의 관계에서 하나님만 아시는 숨겨져 있는 나의 죄를 회개한다.〕
하나님께서 예수님을 죽은 자들 가운데서 살리신 부활의 영광이 저희들의 것임에 감사드립니다. 저희 애들이 자신의 인생을 생각하며, 소망을 가질 때, 주님의 부활을 묵상하게 하시옵소서. 죽으셨던 주님을 일으키신 하나님의 은혜를 바라보게 하시옵소서.
저희 자녀들도 하나님께서 세워주셔야 일어날 것을 믿습니다. 하나님께서 그들의 장래에 함께 하셔야 앞으로 나아갈 것을 믿습니다. 하나님을 사랑하므로, 주님의 손이 함께 하심을 전혀 의심하지 않게 하시옵소서.
저희 애들에게 자신의 소망이 예수님을 그리스도로 믿는 데서 시작되고 있음을 기억하게 하시옵소서. 소망이 크면 클수록 더욱 주님의 주님이 되심을 받아들이게 해 주시옵소서. 그들의 믿음이 오직 하나님께 있음을 깨달아 하나님을 신뢰하게 하시옵소서.
예수님의 이름으로 기도드립니다. 아멘.

83일 ∨ 하나님이 그의 소원을 들으시고

기도 전에 묵상할 말씀 - 창 30:22

창조의 주가 되시는 하나님,
이삭과도 같이 저희 부부에게 즐거움이 된 자녀들을 주신 여호와께 감사드립니다. 하늘의 은혜로 자란 애들이, 여호와의 은혜를 늘 잊지 않고, 무엇으로든지 갚으려는 삶을 소망하게 하시옵소서. 성령님께서 인도해주시는 대로 먼저 죄악을 회개합니다. 가족을 섬겨야 할 의무를 주셨음에도 그들의 이름을 부르지 못한 죄를 용서해주시옵소서.
〔-이어서, 가족과의 관계에서 하나님만 아시는 숨겨져 있는 나의 죄를 회개한다.〕
하나님의 복으로 주신 애들을 축복합니다. 여호와의 자녀가 된 애들에게 마음이 열려 간구하게 하시니 감사드립니다. 그들이 사람으로 세상에 태어난 날부터 지금까지 하나님께서 키워주셨음을 새롭게 깨닫습니다. 자녀들로 말미암아 저희들이 누리는 선물이 더욱 많아 감사드립니다.
그들이 자라면서 강하여지고, 지혜와 총명을 더하게 하셨음을 잊지 않게 하시옵소서. 공부하는 중에 있으니, 지혜를 더하여 주시고, 하나님의 사람으로 성장함에 대한 소원을 품게 하시옵소서. 부모의 신앙을 물려받아, 여호와를 섬기는 인생이 되게 하시옵소서.
사랑하는 자녀들이 어려서부터 하나님의 마음에 합한 소원을 품게 해주시기를 빕니다. 그들의 마음에 하나님을 제일로 모시게 하시고, 천국의 일꾼이 되겠다는 소원으로 뜨겁게 하시옵소서. 그들의 평생이 여호와의 생각해주심을 받는 복이 있게 하시옵소서.
예수님의 이름으로 기도드립니다. 아멘.

84일 ∨ 견고하게 해 주시는 하나님

기도 전에 묵상할 말씀 - 시 90:17

자비로우신 하나님,
기도를 들으시는 여호와의 은총으로 저희 자녀들에게 응답의 하나님이 되어주심을 찬양합니다. 어리면 어린대로, 하나님을 경험하게 하시고, 여호와 앞에서 자기를 다스리는 은혜를 보게 하시옵소서. 저에게 죄악을 회개하는 상한 심령을 주시옵소서. 여호와 앞에서 가족을 주목하지 못하고 지낸 시간들을 고백합니다. 용서해주시옵소서.
〔-이어서, 가족과의 관계에서 하나님만 아시는 숨겨져 있는 나의 죄를 회개한다.〕
하나님은 저희의 간구를 들으시고, 응답해 주시는 분이심을 확신합니다. 이 시간에, 하나님께서 사랑하도록 하신 저희 자녀들을 축복합니다. 그들이 주님의 이름으로 복된 삶을 살아가게 하시옵소서. 부모의 애정으로 축복할 때, 하늘에서 들으시고, 그대로 복을 내려 주시옵소서.
그들에게 장래를 있게 하시며, 미래의 삶에 대하여 생각하게 하시옵소서. 지금까지 지내오는 동안에, 어려운 시간에 손을 내밀어 주셨던 하나님의 은혜가 장래의 삶에도 임할 줄 믿습니다. 그들이 여호와 앞에서 앞날에 대한 것을 생각할 때, 견고하게 하시옵소서.
여호와 앞에서 저희 자녀들이 조금의 부족함도 없이 지내 온 것을 기억합니다. 그들에게 필요를 채워주시는 아버지가 되셨으니, 앞으로는 더욱 좋은 것을 사모하도록 하나님의 영으로 인도해 주시옵소서. 예수님의 이름으로 기도드립니다. 아멘.

85일 ∨ 아멘 하여 하나님께 영광을

기도 전에 묵상할 말씀 - 고후 1:20

약속을 이루시는 하나님,
저희 가정을 에덴의 동산처럼 복 되게 하시고, 선물로 주신 자녀들이 믿음의 사람이 되게 하셨음에 감사드립니다. 부모의 하나님을 자기들의 하나님의 삼은 그들에게 장래를 열어 주시옵소서. 빌 바를 아뢰기 전에 죄악을 회개합니다. 가족을 위하여 믿음으로 구하고, 하나님의 은총이 임하도록 간구하지 못하였음을 고백합니다. 용서해주시옵소서.

[-이어서, 가족과의 관계에서 하나님만 아시는 숨겨져 있는 나의 죄를 회개한다.]

하나님은 신실하시므로, 저희들의 구원이 확실하고 견고한 것을 믿습니다. 이 은혜로 말미암아 저희 자녀들의 믿음이 그리스도 안에서 견고하도록 해 주시옵소서. 그들이 자신의 구원은 전적으로 그리스도의 십자가에서 이루어졌음을 놓지 않게 하시옵소서.

그 믿음과 그 은혜로 말미암아 하나님의 말씀에 '아멘'으로 응답하게 하시옵소서. 성경을 대할 때마다 그들에게 '아멘'만이 있게 하시옵소서. 하나님의 말씀에 예라고 대답하는 믿음으로 하나님의 뜻이 이루어짐을 기대하게 하시옵소서.

저희 자녀들이 하나님의 말씀을 믿음에 더욱 견고하게 해 주시기를 빕니다. 그들에게 성령님의 충만하심이 있어, 말씀을 받을 때, '아멘'으로 고백하게 하시며, 그 약속의 신실함에 대하여 기대하게 하시옵소서. 성령님의 기름을 부으심이 있어, 그 은혜로 말씀에 응답하게 하시옵소서.

예수님의 이름으로 기도드립니다. 아멘.

86일 ∨ 그것을 만들며 성취하시는

기도 전에 묵상할 말씀 - 렘 33:2

하늘 영광의 하나님,
저희 가정을 믿음의 반석 위에 놓아 주시고, 자녀들이 하나님을 경외하며 자라게 하심을 찬양합니다. 헛된 욕망을 이루려 하지 않고, 자기의 유익을 찾아 방황하지 않는 자녀들이 되게 하시옵소서. 회개의 영이 충만하게 하시니 죄악을 회개합니다. 가족을 사랑함에 게을렀고, 저희 식구들이 여호와께 제단이 되는 것에 소홀했음을 고백합니다. 용서해주시옵소서.
〔-이어서, 가족과의 관계에서 하나님만 아시는 숨겨져 있는 나의 죄를 회개한다.〕
오늘, 하나님의 창조하심의 역사와 그 은혜를 저희 자녀들에게 나타내 보여 주시옵소서. 그들의 오늘이 하나님의 능력을 보는 시간이 되어 지게 하시옵소서. 자녀들이 모태에서 만들어지기 전부터, 그들 인생에 대한 계획을 갖고 계신 하나님을 묵상합니다.
이제, 간절히 바라기는 하나님의 원하심에 따라 자녀들의 삶을 인도하시옵소서. 저희 애들이 오늘 한 날을 보내는 것이 바로 하나님의 계획이 실현되는 것이기를 빕니다. 성령님께서 그들의 마음을 감화하시고, 성령님의 강한 인도를 받아 살아가게 하시옵 소서.
저희 자녀들의 인생을 여호와의 손에 내려놓습니다. 하나님의 뜻에 따라 그들의 인생을 만들어 가시옵소서. 그들에게서 하나님이 찾으시는 영광을 이루어 주시옵소서. 저희 애들이, 자신의 인생이 하나님의 손에 있음에 감사하게 하시옵소서.
예수님의 이름으로 기도드립니다. 아멘.

87일 ∨ 춤을 추게 하시는 하나님

기도 전에 묵상할 말씀 - 시 30:11

하나님 아버지,
여호와께 제단이 된 저희 가정에 복을 내려 주셨음을 기뻐합니다. 자녀들은 말씀과 기도로 살아가게 하시고, 그 은혜에서 자신들의 삶의 비전을 구하게 하셨음에 감사드립니다. 성령님께서 깨닫게 하심에 따라 저의 죄악을 회개합니다. 저희 가정을 하나님께 드리는 것에 주목하지 못하고, 자녀들의 신앙을 살피지 못했음을 용서해주시옵소서.
〔-이어서, 가족과의 관계에서 하나님만 아시는 숨겨져 있는 나의 죄를 회개한다.〕
사람의 간구를 들으시고 슬픔이 변하여 춤이 되게 하셨음을 믿습니다. 또한 베옷을 벗기시고, 기쁨으로 띠를 띠우심을 믿습니다. 그 은총이 오늘, 저희 자녀들의 것이 되기를 소원합니다. 오직, 여호와만이 그들에게 부를 만한 이름이 되게 하시고, 소망이 되어 주시기를 간구합니다.
저희 자녀들의 눈에서 눈물을 닦아 주시고, 웃음으로 바꾸어 주시옵소서. 그들이 자신의 죄를 반성하여 회개할 때 거두어 주시옵소서. 하나님의 용서하심으로 잃었던 기쁨을 회복하게 하시옵소서.
성령님의 위로하심에 따라 새 힘을 얻어 다시 일어서게 하시옵소서. 저희 자녀들이 장래에 대하여 생각할 때, 하나님의 사람으로 사는 환상을 품게 하시옵소서. 하나님의 계획에 속한 사람이 되어, 하늘에서 이루어진 뜻을 이 땅에서 이루려는데 도구로 쓰이게 하시옵소서.
예수님의 이름으로 기도드립니다. 아멘.

88일 ∨ 주 예수의 이름이 너희 가운데서
기도 전에 묵상할 말씀 - 살후 1:12

영원히 영광을 받으실 하나님,
저희들의 마음이 편하고, 저희 가정이 평안히 지내도록 하심을 찬양합니다. 오직 여호와의 자비로우심이 저희를 지켜주시고, 평안이 넘치는 주님의 가정이 되게 하시며, 자녀들에게는 미래를 향한 소망으로 살게 하시옵소서. 이 시간에, 먼저 죄악을 회개합니다. 저희 부부와 자녀들을 여호와 앞에서 구별된 사람으로 세우는 것에 예민하지 못하였음을 용서해주시옵소서.
〔-이어서, 가족과의 관계에서 하나님만 아시는 숨겨져 있는 나의 죄를 회개한다.〕
이 좋은 날에, 저희 자녀들의 생활 속에서 주님의 이름이 영광을 받으시기를 빕니다. 그들의 삶에서 오직 하나님만이 하나님의 영광을 얻으시옵소서. 아울러, 그 영광으로 인해서, 애들에게도 그리스도인으로서의 영광을 얻게 하시옵소서. 우리 주님의 은혜로 말미암음은 영광을 주시옵소서.
저희 자녀들이 구원의 은혜로 이 땅에서 지낼 때, 하늘의 영광을 누릴 것을 믿습니다. 그 영광으로 장래에는 주님의 재림 때, 확실한 구원이 나타날 것을 믿습니다. 이에, 오늘도 하나님 앞에서 영광의 존재로 살게 하시옵소서.
저희 자녀들에게 그들의 장래를 생각할 때, 주님께 영광을 드리는 몸이 되어야 할 것을 잊지 않게 하시옵소서. 주님의 영광 안에서, 그들 자신도 영광을 누리게 된다는 진리를 받아들이게 하시옵소서.
예수님의 이름으로 기도드립니다. 아멘.

89일 ∨ 소원을 두고 행하게 하시나니

기도 전에 묵상할 말씀 - 빌 2:13

거룩하신 하나님,

저희 부부에게 맡겨진 자녀들이 하나님의 은혜를 생각하는 중에, 기쁨과 감사가 가득하게 하심을 즐거워합니다. 오늘의 행적에서도 그들이 여호와의 은혜의 풍성함을 누리며 천국을 소망하게 하시옵소서. 오늘도 회개의 영이 충만함에, 먼저 죄악을 회개합니다. 하나님의 사랑에 응답하여 온 가족이 여호와께 향기로운 제물이 되지 못한 것을 용서해주시옵소서.

〔-이어서, 가족과의 관계에서 하나님만 아시는 숨겨져 있는 나의 죄를 회개한다.〕

하나님의 영이 저희 자녀들에게 충만하시기를 빕니다. 하나님의 영이 그들의 속에 거하시어 생각과 말을 다스리셔서, 그들이 자기를 맡기게 하시옵소서. 자신의 장래에 대한 모든 생각을 내려놓게 하시옵소서.

이 시간에, 하나님께서 저희 자녀들에게, 그들의 자유의지를 사용해서 하나님의 뜻을 이루어 드리게 하시옵소서. 우리 주님의 기쁘신 뜻을 위하여 소원을 갖고, 그 소원을 따라 행하게 하시옵소서. 성령님으로 그들의 마음을 채워 주시옵소서.

저희 자녀들에게 천국에 속한 사람으로서의 마음을 주시옵소서. 오늘, 어디에서 무엇을 하든지 그들의 마음에 경건해지려는 소원을 주시기를 빕니다. 또한 거룩해지려는 소원, 의로워지려는 소원을 주시기를 빕니다. 저희 애들이 하나님 앞에서 믿음의 착한 일에 대한 열정을 품게 하시옵소서.

예수님의 이름으로 기도드립니다. 아멘.

90일 ∨ 잉태할 수 있는 힘을 얻었으니

기도 전에 묵상할 말씀 - 히 11:11

하나님 아버지,
자녀들이 공부하는 생활이 때로는 고단하게 하고, 외롭게도 하지만, 넉넉히 이기게 하셨음을 찬양합니다. 그들에게 하나님의 자녀로서 장래에 대한 소망을 품게 하시옵소서. 저에게 죄악을 회개하는 상한 심령을 주시옵소서. 하나님의 사랑에 응답하여 온 가족이 여호와께 향기로운 제물이 되지 못한 것을 용서해주시옵소서.

〔-이어서, 가족과의 관계에서 하나님만 아시는 숨겨져 있는 나의 죄를 회개한다.〕

저희 자녀들의 인생을 축복합니다. 이미, 성경 66권의 말씀을 통해서 저희 자녀들에게 복을 약속해 주셨음을 믿습니다. 하나님의 말씀을 믿고, 순종하게 하시옵소서. 그 말씀에서 자기의 장래를 내다보고, 하나님께서 이루어주심을 기대하기에 조금의 부족함이 없게 하시옵소서.

자녀들의 삶이 하나님의 손에 있음에 감사드리니, 그들의 장래를 인도해 주시옵소서. 하나님을 경외하는 중에, 소망을 주셨음을 믿습니다. 주님을 따르는 중에, 더욱 소망이 굳게 하셨음을 믿습니다. 그들이 여호와 앞에서 품은 소망으로 인도해 주시옵소서.

저희 자녀들에게 성경의 말씀에서 하나님의 약속을 의지하게 하시옵소서. 하나님을 신뢰하여, 그 말씀에 자신의 인생을 내려놓게 하시옵소서. 하나님의 경륜이 저희 자녀들에게 이루어 질 것을 기대하게 하시옵소서.

예수님의 이름으로 기도드립니다. 아멘.

91일 ∨ 너의 행사를 여호와께 맡기라

기도 전에 묵상할 말씀 - 잠 16:3

생명을 주관하시는 하나님,
주님을 모신 저희 가정이 여호와 앞에서 복 되게 해 주셨음에 감사드립니다. 찬송과 기도로 지내는 애들에게 성령님의 충만하심을 통해서 하늘의 사람으로 살게 하시옵소서. 성령님께서 인도하시는 대로 먼저 죄악을 회개합니다. 가족을 축복할 권세를 주셨음에도 기도에 게을러서 가족을 위하여 빌지 못한 죄를 고백합니다. 용서해 주시옵소서.
〔-이어서, 가족과의 관계에서 하나님만 아시는 숨겨져 있는 나의 죄를 회개한다.〕
저희 자녀들에게 자기의 인생을 경영하는 지혜를 주셨음에 감사드립니다. 자신의 삶을 묵상하고, 어떤 인생으로 살아갈 것인가를 고민하게 하시옵소서. 그 고민에서 하나님을 인생의 인도자로 모시고, 하나님의 계획이 자신의 삶에서 이루어지기를 사모하게 하시옵소서. 인생의 경영은 사람이 할 수 있으나, 그 경영을 이룸은 하나님의 손길인 것을 믿습니다. 여호와께서 인도하지 않으시면, 경영이 이루어지지 못함을 저희 애들이 깨닫게 하시옵소서. 오직 자신을 여호와의 인도하심에 내려놓은 자녀들이 되게 하시옵소서.
부모와 더불어 지내면서 하나님을 섬기는 것을 따르는 자녀들이 되게 하시옵소서. 하나님의 계획하심에 그들의 삶이 있으니, 그 계획에 자기를 맡기는 은혜를 주시기를 빕니다. 나아가서, 하나님의 뜻을 이루어드리는 삶에 대한 헌신의 마음을 주시옵소서.
예수님의 이름으로 기도드립니다. 아멘.

92일 ∨ 도움을 삼고, 소망을 두게

기도 전에 묵상할 말씀 - 시 146:5

우리 주 하나님,

여호와의 은혜로 오늘까지 지내 옴에 찬양을 드립니다. 새롭게 하시는 하나님 앞에서 저희 자녀들이 아직 어리지만, 그들의 나이에 맞게, 그의 삶에서 자기의 직분을 감당하게 하시옵소서. 빌 바를 아뢰기 전에 죄악을 회개합니다. 가족을 축복할 권세를 주셨음에도 기도에 민감하지 못하였습니다. 축복의 사명을 감당 못한 죄를 용서해주시옵소서.

〔-이어서, 가족과의 관계에서 하나님만 아시는 숨겨져 있는 나의 죄를 회개한다.〕

오늘도, 저희 자녀들에게 도움이 되시는 하나님이 되어주심에 감사드립니다. 저희 자녀들에게 하나님의 약속을 붙잡게 하시며, 그 약속이 성취될 것을 믿게 하셨음에 감사드립니다. 자기의 자녀들에게 말씀하시고, 약속을 성취하시는 하나님의 은혜를 저희 자녀들에게 내려 주시옵소서.

저희 애들이 자기들만의 하나님의 이름을 부르게 하시옵소서. 그들의 생활 속에서 도우시는 하나님을 보게 하시며, 약속을 이루어주시는 하나님을 깨닫게 하시옵소서. 그 하나님에 대한 확신으로 평생을 사는 자녀들이 되게 하시옵소서.

자녀들이 하나님을 떠나서 어떤 수단이나 방법도 찾지 않게 하시옵소서. 오직 여호와의 복을 구하여 소원을 이루겠다는 간절함을 주시옵소서. 하나님이 그들에게 도움이 되어 주심을 믿습니다.

예수님의 이름으로 기도드립니다. 아멘.

93일 ∨ 구하라, 찾으라, 두드리라
기도 전에 묵상할 말씀 - 눅 11:9

자기의 자녀들에게 복을 주시는 하나님,
저희 가정에 여호와의 은혜가 넘치고 있음에 감사드립니다. 부모의 기도를 통하여 자녀들이 하나님의 백성으로 자라게 하시니 참으로 감사드립니다. 귀한 자녀들에게 천국 일꾼의 소망을 품게 하시옵소서. 상한 심령을 여호와께 내려놓아 죄악을 회개합니다. 가족을 섬겨야 할 의무를 주셨음에도 그들의 이름을 부르지 못한 죄를 저질렀습니다. 용서해주시옵소서.
〔-이어서, 가족과의 관계에서 하나님만 아시는 숨겨져 있는 나의 죄를 회개한다.〕
저희 자녀들이 하나님과 동행하되, 늘 기도의 길로 나아가게 하시옵소서. 그들이 여호와의 이름을 부르고, 하나님을 아버지로 모시고 살아가게 하시옵소서. 오늘도 그들이 하나님의 이름 앞에 무릎을 드리기를 빕니다. 기도로 말미암아 자기 백성을 인도하시는 하나님을 따르게 하시옵소서.
사랑하는 애들에게 기도하기를 즐겁게 해 주시옵소서. 그리고 기도에 응답하시는 하나님의 자비하심을 맛보게 하시옵소서. 기도하면 응답받는다는 믿음에서 세상을 이기는 애들을 보게 하시옵소서. 그들이 기도할 때마다 그것은 저희 가정에 축복임을 믿습니다.
하나님을 사랑하는 만큼 기도하는 애들로 지내게 하시옵소서. 자녀들이 여호와 앞에서 구하는 은혜를 누리게 하시옵소서. 기도의 응답이 있기 전에, 간구하는 은혜의 풍성함을 먼저 안겨 주시옵소서. 예수님의 이름으로 기도드립니다. 아멘.

94일 ∨ 소원을 만족하게 해 주시는

기도 전에 묵상할 말씀 - 시 103:5

여호와 하나님,

주님의 보혈로 죄를 씻음 받고, 영생을 얻게 해주셨음을 찬양합니다. 구원의 은혜를 받은 저희 식구들이 자신들의 삶으로 말미암아, 이 복스러운 소식을 다른 이들에게도 전하려는 열망을 주시옵소서. 성령님께서 깨닫게 하심에 따라 저의 죄악을 회개합니다. 여호와 앞에서 가족을 주목하지 못하고 지낸 시간들을 고백합니다. 용서해주시옵소서.

〔-이어서, 가족과의 관계에서 하나님만 아시는 숨겨져 있는 나의 죄를 회개한다.〕

사랑하는 저희 자녀들에게는 부족한 것들이 많습니다. 성령 하나님께서 만지셔서 고쳐 주셔야 할 부분도 많이 있습니다. 다윗의 모든 죄악을 용서해 주시고, 그의 모든 질병을 고치셨음을 기억하오니, 저희 애들에게도 그 은혜를 나타내 주시옵소서.

저희 자녀들이 이제까지 살아온 것은 하나님의 은혜였음을 고백합니다. 그들의 삶에서 아주 사소한 일까지 여호와의 손길이 있으셨음을 고백합니다. 그래서 저희가 미처 챙기지 못했던 것들에까지 하나님의 간섭하심이 있었음을 깨닫고 놀라워했습니다.

저희 자녀들을 향하신 여호와를 의지하여 간구하니, 그들의 앞날에 은총을 더해 주시옵소서. 장래에 대한 꿈을 꾸고, 그것을 이루려 노력할 때, 함께 해 주시옵소서. 정녕 하나님은 좋으신 아버지시라, 그들에게 가장 좋은 것으로 만족하게 해주심을 기대하게 하시옵소서.

예수님의 이름으로 기도드립니다. 아멘.

95일 ∨ 소망이 끊어지지 아니하리라
기도 전에 묵상할 말씀 - 잠 24:14

거룩하신 삼위의 하나님,,
저희 가족에게 주님의 십자가를 붙들고 지내오도록 인도해 주심을 찬양합니다. 그 은혜와 사랑으로 자녀들은 부모보다도 더 마음을 다하고, 뜻을 다하여 하나님을 사랑하게 하시옵소서. 이 시간에, 먼저 죄악을 회개합니다. 가족을 위하여 믿음으로 구하고, 하나님의 은총이 임하도록 간구하지 못하였음을 고백합니다. 용서해주시옵소서.
〔-이어서, 가족과의 관계에서 하나님만 아시는 숨겨져 있는 나의 죄를 회개한다.〕
오늘, 저희 자녀들이 하나님께서 주신 복에 즐거워하는 것을 보는 부모의 특권을 주시옵소서. 이 한 날을 지내면서 복된 생각, 복된 말, 복된 행동을 하게 하시옵소서. 오직 위로부터 주어진 지혜에 의해서 오늘을 기쁘게 살게 하시옵소서.
하나님의 은혜는 저희 자녀들에게 장래가 있도록 하심임을 믿습니다. 그 은혜로 그들에게 소망을 품게 해 주심을 믿습니다. 그 소망이 인생의 비전이 되어 자신을 도전하게 하심을 믿습니다. 이제, 저희 자녀들이 하나님을 경외하게 하시옵소서.
저희 자녀들에게 하나님을 사랑하는 열심의 가슴을 주시옵소서. 하나님의 말씀이 주는 지혜를 간절히 원하는 가슴을 주시옵소서.
하나님의 말씀을 준행하여, 자신의 인생을 반석 위에 세우게 하시옵소서. 그 은혜를 꿀송이처럼 여기게 하시옵소서.
예수님의 이름으로 기도드립니다. 아멘.

96일 ∨ 등불을 켜고 집을 쓸며
기도 전에 묵상할 말씀 - 눅 15:8

사랑이 많으신 하나님,
시간이 흐를수록 죄의 밤이 깊어가고 있음을 느끼는 요즈음, 저희 애들이 더욱 자신을 삼가 여호와께 의롭기를 기도하게 하심을 찬양합니다. 하나님께 택하심을 받은 모습으로 살아가도록 이끌어 주시옵소서. 이 시간에, 먼저 죄악을 회개합니다. 가족을 사랑함에 게을렀고, 저희 식구들이 여호와께 제단이 되는 것에 소홀했음을 고백합니다. 용서해주시옵소서.
〔-이어서, 가족과의 관계에서 하나님만 아시는 숨겨져 있는 나의 죄를 회개한다.〕
오늘, 저희 자녀들의 장래를 축복합니다. 감사하게도 그들에게 삶의 목적과 목표에 대하여 이해하게 하시고, 자기들의 인생에 대한 확고한 생각을 갖게 하셨음에 감사드립니다. 그들의 가슴이 하늘로 채워지기를 빕니다. 하나님께 영광이 되는 인생으로 살아가게 하시옵소서. 어려서부터 하나님께 대하여 자신을 구별하는 애들이 되게 하시옵소서.
이를 위해서 끊임이 없이 자신이 하나님 앞에서 어떻게 살아가야 하는지를 묻게 하시고, 성령님의 인도하심에 자신을 맡기는 자녀들이 되게 하시옵소서.
여호와께 귀한 자녀들이 존귀한 인생으로 살아가기를 빕니다. 그들이 하나님의 영광을 위하여 살아가려 할 때, 거룩한 삶을 준비하게 하시옵소서. 거룩한 일에 쓰여 지는 인생으로 자기를 준비할 때, 열심을 내게 하시옵소서.
예수님의 이름으로 기도드립니다. 아멘.

97일 ∨ 크게 은총을 입은 자라

기도 전에 묵상할 말씀 - 단 9:23

거룩하신 하나님,

오늘, 또 새 날을 주셨음에 감사드립니다. 여호와 앞에서 온전함을 바라고 자라가기를 소망하는 애들을 볼 때, 감사드립니다. 그들의 하나님을 사랑하는 마음이 변하지 않게 하시옵소서. 저에게 죄악을 회개하는 상한 심령을 주시옵소서. 저희 가정을 하나님께 드리는 것에 주목하지 못하고, 자녀들의 신앙을 살피지 못했음을 용서해주시옵소서.

〔-이어서, 가족과의 관계에서 하나님만 아시는 숨겨져 있는 나의 죄를 회개한다.〕

저희 자녀들이 여호와께 은총을 입게 하셨음에 감사드립니다. 그 은혜로 하나님을 섬기고, 사랑하게 하셨음에 감사드립니다. 아울러, 육체적인 성장을 보게 하시고, 지혜 또한 자라게 하셨습니다. 오늘, 저희 자녀들이 더욱 더 하나님 앞에 서게 하시옵소서.

저희가 애들을 생각할 때마다, 그들을 길러주신 하나님의 은혜를 묵상하게 하시옵소서. 여호와의 은총이 늠름하게 자라는 자녀들을 보게 하셨으니, 앞으로도 자라게 하심을 믿습니다. 나라마다 주님의 이름으로 축복을 받게 하시옵소서. 그리고 그 은총으로 그들의 장래를 열어 주시옵소서.

자녀들에게 하나님을 사랑하는 마음을 뜨겁게 해 주시옵소서. 그들이 여호와를 바라고 기도할 때, 하나님의 자비하심으로 응답해 주시고, 소원을 이루어서 만족하게 하시옵소서.

예수님의 이름으로 기도드립니다. 아멘.

98일 ∨ 나의 모든 구원과 소원을

기도 전에 묵상할 말씀 - 삼하 23:5

장래를 인도하시는 하나님,
여호와의 인도하심을 따라, 저희 자녀들이 하나님의 일꾼으로 살아가는 비전을 품게 하심을 찬양합니다. 그들이 하나님으로부터 말미암은 소망을 더욱 크게 하게 하시옵소서. 사명을 감당하지 못하는 지내는 죄악을 회개합니다. 저희 부부와 자녀들을 여호와 앞에서 구별된 사람으로 세우는 것에 예민하지 못하였음을 용서해주시옵소서.

〔-이어서, 가족과의 관계에서 하나님만 아시는 숨겨져 있는 나의 죄를 회개한다.〕

오늘, 저희 자녀들의 생애를 하나님께 내려놓습니다. 그들의 생명과 삶에 하나님의 다스리심이 있기를 빕니다. 여호와께로부터 복을 받는 인생이 되어, 살아가게 하시옵소서. 그들의 생활과 마음에 품은 생각까지에도 하나님의 은혜가 임하여 복이 되게 하시옵소서. 이로써 그들의 인생이 언약하신 말씀을 통해서 견고해지게 하시옵소서.

하나님의 아낌이 없으신 긍휼과 지바로 저희 자녀들이 은혜를 입게 하시옵소서. 우리 주님의 돋는 해의 광선 같은 빛으로 인도해주시며, 세상에서 머리가 되게 하시옵소서.

저희 자녀들을 축복합니다. 그들을 볼 때마다 사랑이 커지며, 깊어지게 하시옵소서. 하나님 앞에서 그들이 자신의 소원을 이루도록 중보하는 부모가 되게 하시옵소서.

예수님의 이름으로 기도드립니다. 아멘.

99일 ∨ 소망이 넘치게 하시기를

기도 전에 묵상할 말씀 - 롬 15:13

인생을 주관하시는 하나님,
저희 자녀들이 여호와 앞에서 장래의 소망을 품게 하시니 감사드립니다. 그들에게 자기들의 소망을 아침마다 새롭게 하게 하시며, 하나님께서 원하시는 시간에 쓰임을 받도록 자신을 준비하게 하시옵소서. 빌 바를 아뢰기 전에 죄악을 회개합니다. 하나님의 사랑에 응답하여 온 가족이 여호와께 향기로운 제물이 되지 못한 것을 용서해주시옵소서.
〔-이어서, 가족과의 관계에서 하나님만 아시는 숨겨져 있는 나의 죄를 회개한다.〕
이 세상은 저희들이 믿음으로 살기에, 절망스러울 뿐이지만, 하늘을 바라보게 하시옵소서. 슬픔과 불안, 때로는 근심과 걱정으로 공격하지만 하나님의 위로를 바라보게 하시옵소서. 저희들을 향하신 하나님의 소망은 슬픔의 자리를 기쁨으로 바꾸어주심을 믿습니다.
사랑하는 자녀들이 소망 가운데서 천국을 바라보게 하시옵소서. 천국의 보좌에서 지금도 저희들을 위하여 중보하시는 주님을 생각할 때, 잠사의 고난도 넉넉하게 이김을 믿습니다. 세상이 저희들을 절망으로 몰아갈지라도, 너끈히 이김을 바라보게 하시옵소서.
주님의 죽음을 물리치신 부활로 저희들은 소망의 사람이 된 것을 믿습니다. 사랑하는 자녀들이 오늘, 주 예수님의 승리로 인한 소망을 자기의 것으로 삼게 하시옵소서. 인생의 소망이 되시는 주님을 누리며, 하나님 앞에서 소망으로 살아가게 하시옵소서. 예수님의 이름으로 기도드립니다. 아멘.

100일 ∨ 시온의 대로가 되시는 하나님

기도 전에 묵상할 말씀 - 시 84:5

온 땅에 충만하신 하나님,
저희 애들을 주님의 이름으로 축복합니다. 애들이 부모에게 의탁되어서 지내는 동안에 하나님의 사람으로 성장하는 비전을 품게 하시옵소서. 성령님께서 깨닫게 하심에 따라 저의 죄악을 회개합니다. 하나님의 사랑에 응답하여 온 가족이 여호와께 향기로운 제물이 되지 못한 것을 용서해주시옵소서.
〔-이어서, 가족과의 관계에서 하나님만 아시는 숨겨져 있는 나의 죄를 회개한다.〕
저희 자녀들에게 찬양의 삶을 주셨음에 감사드립니다. 그들이 어려서부터 하나님께 소망을 두게 하시고, 자신의 장래에까지 하나님께 마음을 두게 하시니 감사드립니다. 여호와의 은혜로 이만큼 자라서, 하나님의 영광을 구하게 하시니 고맙고 대견합니다.
이 모든 은혜가 하늘로부터 임하였으니, 저희 애들이 더욱 하늘의 하나님께 소망을 두게 하시옵소서. 그들의 지금의 생활과 앞으로의 삶에 대하여 묵상하는 순간에도 하나님을 마음에 두게 하시고, 하나님만이 힘이 되어주심을 더욱 의지하게 하시옵소서.
여호와의 자비하심으로 자라는 애들을 축복합니다. 그들의 하루하루가 주께 힘을 얻는 삶이 되며, 자기의 심령에 주님의 피를 바름을 경험하게 해주시옵소서. 그들이 하나님을 인생의 인도자로 삼고, 하시옵소서. 하나님을 아버지로 아는 지식이 고백되도록 이끌어 주시옵소서.
예수님의 이름으로 기도드립니다. 아멘.

가족을 축복하는 읽는 기도 100일

1쇄 인쇄 2015년 2월 2일
4쇄 발행 2019년 3월 20일

펴낸이 한치호
펴낸곳 종려가지
등록 제311-2014-000013호(2014. 3. 20)
주소 서울특별시 은평구 은평로 14길, 9-5
     전화 02. 359. 9657
디자인 표지 이수연
디자인 본문 구본일
제작 어시스트 강진오
제작대행 세줄기획(이명수)
     전화 02. 2265. 3749
영업(총판) 일오삼(민태근)
     전화 02 964. 6993, 팩스: 02. 2208. 0153

값 5,000 원
ISBN 979-11-950598-4-3   03230

ⓒ 2015, 종려가지

잘못 만들어진 책은 구입하신 서점에서 바꾸어 드립니다.
책의 주문 및 영업에 대한 문의는 영업대행으로 해주 시오.
문서사역에 대한 질문은 010. 3738. 5307로 해주 시오.